Apprendre l'anglais
en lisant et en écoutant:
plus de 100 histoires en Anglais avec liste de
vocabulaire traduit en Français.

My Everyday Repertoire

MY EVERYDAY REPERTOIRE

Anglais-Francais- plus de 100 histoires en Anglais avec liste de vocabulaire traduit en Français. pour Ameliorer son Anglais.

Lire, Ecouter et Pratiquer

Copyright

Title book: MY EVERYDAY REPERTOIRE:

Apprendre l'anglais- en lisant et en écoutant: plus de 100 histoires en Anglais avec liste de vocabulaire traduit en Français.

© 2021, Samy Delponse

Self published

Myeverydayrepertoire.com

ASIN : B09QLCWJQ4

ISBN-13 : 979-8403535144

ENGLISH LEARNING QUOTES

The best way to predict the future is to create it.
– **Abraham Lincoln**

Learning is not a spectator sport.
– **D. Blocher**

The secret of getting ahead is getting started.
– **Mark Twain**

By failing to prepare, you are preparing to fail.
– **Benjamin Franklin**

Language is "the infinite use of finite means."
 – **Wilhelm von Humboldt**

 Is it not enjoyable to learn and practise what you learn?
– **Confucius**

Special Thanks
To
My Mother Marie Yvrose Blanchard
Madeleine Saintelus
Wise Junior
John kely Severe
Nolson Louis
Doreliant Widner
Robinio Savio Macena
Jean Guilbert Belus
Robinson Jeanlis
My Siblings Zaro and
Dashna Delponse
All my students around the world

And to the people who supported or inspired me in many different ways .

Table of contents

INTRODUCTION

INTRODUCTION

My Everyday Répertoire (MER) s'adresse à des niveaux distincts pour une leçon de langue seconde ou de langue étrangère en anglais. Il est conçu pour répondre aux besoins de l'apprenant débutant au niveau du vocabulaire, de la compréhension à l'écoute et de la   prononciation. Il offre une grande pratique dans chacun de ces domaines. Dans chaque leçon, les structures grammaticales importantes et le vocabulaire sont utilisés. Les textes que vous trouverez dans ce répertoire sont réalistes et pratiques, et les situations dans chacun de ses treize chapitres offrent un contexte culturel qui sera reconnaissable et pertinent.

MER se compose de deux parties: les textes et la section de **«vocabulary overview»**. Si vous souhaitez vraiment progresser en anglais par une nouvelle méthode, maintenant vous avez trouvé la bonne. **MER** est pratique et simple à utiliser.

PREMIÈRE PARTIE

Vocabulary overview : Des mots importants ou des expressions idiomatiques liées au sujet ou au thème de chaque leçon sont inclus dans la section de vocabulary overview. Cette section présente les vocabulaires en série, et permet à l'apprenant de mettre en application le vocabulaire et les structures idiomatiques où ceux-ci sont définis (expliqués). L'apprenant devrait être en mesure de comprendre leurs significations.

DEUXIÈME PARTIE

Les textes : MER est divisé en treize Chapitre couvrant une gamme de sujets allant de l'école et de la famille, à la maison, à l'emploi, aux intérêts et loisirs et aux animaux.... Chaque Chapitre offre un vocabulaire essentiel lié à son sujet, ainsi que des verbes phrastiques importants et des expressions idiomatiques qui sont généralement difficiles pour les étudiants débutants. Tout au long de chaque Chapitre, les étudiants ont la possibilité d'être des apprenants très actifs et impliqués. Il est possible de passer à travers le suivant dans un ordre aléatoire. Chaque chapitre est quasi indépendant.

A qui est désigné ce livre ?

- **My everyday répertoire** peut être utilisé pour des cours à trois niveaux distincts, débutant, élémentaire, intermédiaire. Car les textes et les méthodes visent ces niveaux. Les matériaux de ce pack s'adressent particulièrement aux enseignants qui ont peu de ressources ou qui souhaitent que leurs élèves soient plus compétents en anglais.

Débutant - étudiants sans aucune connaissance de l'anglais ou même de l'alphabet. Les étudiants qui commencent à former des phrases de base et qui utilisent l'anglais juste pour les besoins communicatifs de base comme (demander un objet, s'excuser, saluer, etc.)

Élémentaire - Les étudiants qui s'améliorent rapidement et apprennent plus de vocabulaire semaine par semaine et qui sont capables de faire des phrases simples. Ils peuvent tenter de faire des phrases complexes, mais font toujours beaucoup d'erreurs dans tous les domaines de la langue.

Intermédiaire - Ces étudiants ont surmonté toutes les difficultés de base de l'apprentissage de la langue anglaise et commencent à développer les compétences liées à la lecture, à la rédaction et à l'élocution en expérimentant un vocabulaire plus difficile et des phrases plus longues et complexes. Les erreurs se produisent, mais moins fréquemment qu'au niveau élémentaire et les étudiants peuvent interagir en toute confiance en anglais dans un large éventail de situations sociales.

Pourquoi MER ?

Nous parions avec certitude que vous êtes impatient de parler anglais. Vous voulez vous améliorer, parler automatiquement et couramment l'anglais, n'est-ce pas ? Eh bien, nous voulons vous interroger sur les compétences en anglais les plus importantes que vous connaissez. Quelles compétences connaissez-vous ? Quelle compétence devez-vous avoir pour bien parler ? À quel point voulez-vous être bon en anglais ?

Parler l'anglais couramment est l'objectif le plus important. Les recherches l'expliquent clairement. Il n'y a qu'une seule façon de faire preuve de fluidité langagière. Vous ne maîtrisez pas la langue en lisant des manuels scolaires. Vous ne recevez pas de fluidité langagière en allant à l'école d'anglais (seulement). La maîtrise ne vient pas en étudiant les règles de grammaire.

Pour obtenir la maîtrise de l'anglais, vous devez avoir beaucoup d'écoute répétitive compréhensible. C'est la seule façon d'être un orateur d'anglais fantastique. Vous ne devez pas Seulement apprendre l'anglais avec vos yeux mais avec vos oreilles. En d'autres termes, vous devez écouter. Écoutez davantage d'anglais, l'écoute en matière d'apprentissage de langue est la clé d'un excellent discours. La meilleure écoute doit être compréhensible et répétitive. Les deux sont importants. Si vous ne comprenez pas, vous n'apprenez rien, vous ne l'améliorerez pas. C'est pourquoi l'écoute de la télévision anglaise ne vous aide pas. Vous ne comprenez pas la plupart de ce que vous écoutez. C'est trop difficile, c'est trop rapide. Le meilleur matériel d'écoute doit être facile. Vous devriez écouter surtout l'anglais facile. N'écoutez pas de l'anglais difficile parce que vous n'allez pas comprendre et vous apprendrez lentement. Écoutez un anglais plus facile, et votre expression s'améliorera plus rapidement. Afin de vous aider à pratiquer ces choses, nous avons l'honneur de vous présenter Ce livre!

Comment l'utiliser ? Lorsque vous utilisez notre méthode, la compréhension ne suffira pas, vous devez avoir beaucoup de répétitions aussi. Si vous entendez un nouveau mot une seule fois, vous allez bientôt l'oublier. Cinq fois, vous allez toujours l'oublier. Les nouveaux mots et la nouvelle grammaire doivent être écoutés plusieurs fois avant de les comprendre instantanément. La plupart des gens doivent entendre un nouveau mot 30 fois pour se souvenir pour toujours. Pour connaître un nouveau mot, vous devez l'entendre beaucoup (50 à 100 fois). Vous devez Lire et écouter chacun de nos textes plusieurs fois, c'est pourquoi nous l'appelons (my everyday repertoire -Mon repertoire quotidien) , tous les jours. Nous vous recommandons d'écouter chaque leçon au moins 30 fois. Par exemple, 3 fois par jour pendant deux semaines. Soit dit en passant, les deux points les plus importants sont : écoutez un anglais plus facile et écoutez chacune des tes textes à plusieurs reprises.

L'expression **"Emphasis listening"** signifie que vous écoutez beaucoup de choses sur le même sujet. C'est une méthode plus puissante que d'essayer d'écouter plusieurs sortes de choses. Quand l'apprenant écoute des choses semblables, il apprend plus vite et parle mieux que les élèves qui écoutent différents types de choses. Par exemple, vous pouvez choisir un sujet dans le livre et y trouver beaucoup de choses. Tout les orateurs ont un vocabulaire et une grammaire préférés. Ils le répètent souvent plusieurs fois. En écoutant ou en lisant beaucoup de choses par la même personne, vous obtenez automatiquement beaucoup de répétitions de vocabulaire. Vous apprendrez de plus en plus vite!

En partageant votre temps tout au long de la journée, vous pourrez vous rappeler plus et apprendre plus rapidement. Donc, il vaut mieux écouter 30 minutes le matin. Ensuite, 30 minutes dans la voiture ... L'écoute et la lecture sont très puissantes. Pendant que vous écoutez quelque chose, vous lisez aussi. Cela améliorera votre prononciation. Lire pendant que vous écoutez vous aide également à comprendre des documents plus difficiles. Lisez et écoutez pour apprendre plus rapidement. Après avoir fait cela quelques fois, mettez le texte de côté et écoutez simplement. Vous comprendrez beaucoup plus et vous allez vous améliorer plus rapidement.

Avant d'aller plus loin

Permettez-moi de vous poser une question étrange, quelle est la connexion entre apprendre l'anglais et apprendre à faire du vélo ? Vous souvenez-vous de la façon dont vous avez appris à faire du vélo ? Pensez-y une minute. Vous vous souvenez d'aller à l'école de vélo ? Rappelez-vous tous ces gros manuels de vélo ? Vous souvenez-vous de toutes les règles de vélo que vous étudiez encore et encore ? Vous ne vous en souvenez pas, n'est-ce pas ? Personne n'a appris à faire du vélo en étudiant. Vous apprenez en procédant. Vous tombez et vous essayez à nouveau. Chaque fois que vous tombez, vous gagnez en confiance. Votre équilibre s'améliore et, jour après jour, il devient plus confiant et plus efficace jusqu'à ce qu'un jour monter à vélo devient facile. Vous apprendrez en faisant, en pratiquant et l'anglais est de la même manière. Que faites-vous pour parler couramment? Que faites-vous pour mieux comprendre l'anglais rapide? Que faites-vous pour parler avec plus de confiance?

La prise de l'action est la clé de l'anglais réussi. Si vous voulez devenir un meilleur orateur, vous devez parler davantage. Et si vous voulez devenir un meilleur auditeur, vous devez écouter davantage. C'est quelque chose que même beaucoup d'enseignants ne connaissent pas. Ils veulent que vous appreniez en mémorisant, ils veulent que vous appreniez en étudiant les règles de grammaire. Et c'est génial pour les débutants, mais et si vous n'êtes pas un débutant.

Les apprenants qui réussissent à parler couramment savent que vous ne maîtrisez pas la langue en étudiant mais en parlant. Cela signifie utiliser l'anglais. L'utilisation de l'anglais développe l'expérience, et cette expérience vous rend un meilleur locuteur anglais. Maintenant, nous voulons que vous soyez clairs sur ce que vous apprendrez et voulez apprendre avec les textes trouvées dans ce livre. Avec My Everyday Repertoire (MER) vous allez former vos oreilles avec une écoute lente et active, améliorez vos discussions avec des leçons parlantes actives. Vous apprendrez la grammaire avec notre grammaire inconsciemment, vous utiliserez la grammaire sans étudier la grammaire. Si vous souhaitez améliorer votre écriture, vous êtes au mauvais endroit. Nous ne nous concentrons pas sur l'écriture, nous nous concentrons sur l'écoute et la parole, car l'action ciblée est le moyen le plus rapide de vous rendre votre fluidité langagière. My Everyday Répertoire vous guidera pour prendre des mesures ciblées qui produisent des résultats. Pratiquer votre anglais sans partenaire est un gros problème. My Everyday Répertoire à la réponse, avec des leçons parlantes actives, vous pouvez améliorer votre compétence parlante même lorsque vous êtes seul. Augmenter votre temps de parole actuel est la seule façon d'améliorer votre compréhension et votre écoute. Parce que vous pouvez mettre ces leçons sur votre ordinateur et votre lecteur mp3, vous pouvez améliorer votre écoute et votre conversation n'importe où, n'importe quand. Lorsque vous nettoyez la maison. Lorsque vous cuisinez, lorsque vous faites de l'exercice. Pendant que vous conduisez au travail. Avec des cours audio mp3, trouver du temps pour pratiquer et prendre des mesures sur vos objectifs en anglais est aussi simple que un, deux, trois. Appuyez sur Play, écoutez et parlez. C'est vraiment facile. il y a plus de 100 leçons d'écoute et de discussion.

Vous trouverez l'audio de chaque texte Sur **Myeverydayrepertoire.com** vous pouvez les télécharger ou les écouter en boucle tout en parcourant le livre.

Téléchargez l'application depuis l'Apple App Store ou Google Play Store <u>My thinkific</u>

Une fois que vous avez téléchargé l'application, connectez-vous simplement en utilisant vos informations d'identification existantes.

Comment se connecter à l'application mobile

Comment se connecter sans lien de partage ni code QR

Si vous ne trouvez pas le lien, assurez-vous de contacter votre instructeur. Ils peuvent également confirmer si l'application mobile est activée sur leur site.

Cependant, si vous avez perdu le lien ou ne parvenez pas à utiliser le code QR, vous pouvez également rechercher votre école directement dans l'application ! Pour faire ça:

1. Téléchargez et installez l'application mobile Thinkific depuis Apple App Store (pour iOS) ou le Google Play Store (pour Android)

2. Ouvrez l'application sur votre appareil

3. Dans la barre de recherche, saisissez **My REPERTOIRE** pour vous connecter.

4. Cliquez sur entrer

5. Dans la liste des résultats, recherchez l'école à laquelle vous souhaitez vous connecter

Assurez-vous de confirmer que l'URL de l'école à laquelle vous vous connectez correspond à l'URL de votre école.

6. Sélectionnez l'école

7. L'écran de connexion de votre site s'ouvrira dans un navigateur, connectez-vous à l'aide de vos informations d'identification ou d'une option de connexion aux médias sociaux que vous avez utilisée pour créer votre compte (Facebook, Google, LinkedIn, Apple)

Si vous utilisez une méthode de connexion différente de celle que vous avez utilisée lors de la création d'un compte, il se peut que vous ne voyiez pas vos cours ou vos communautés. Par exemple, si vous avez créé votre compte à l'aide d'un e-mail, mais que vous vous connectez à l'aide d'Apple SSO avec votre e-mail masqué, vous créerez un nouveau compte au lieu d'accéder à votre compte d'origine.

8. Vous serez automatiquement redirigé vers l'application si la connexion est réussie

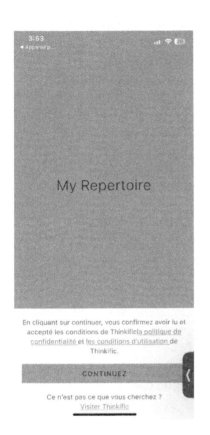

Chapter 1: SCHOOL *école*
Vocabulary Overview : Resumé de vocabulaire

First day	Premier jour
Kindergarten	jardin d'enfants
Parents	Parents
Classroom	Salle de classe
Teacher	Enseignant/professeur
School bell	Cloche de l'école
National anthem	Hymne national
Call out	Appelez
To teach	Enseigner
To Yell	Crier
Yell back	Répondre/ répliquer
Recess	Récréation
Student	Étudiant/élève
Gym class	Cours de gym
Lunch bell	Cloche à lunch
Lunch	Déjeuner
Bell	Bell
Vacation	Vacances
Last day	Dernier jour
Summer	Été
Summer vacation	Vacances d'été
Summer camp	Camp d'été
Cabin	Cabine
Friend	Ami
Camp	Camp

Elementary school	École élémentaire
Elementary	Élémentaire
Playground	Terrain de jeu
Black boards	Tableaux noirs
Children	Enfants
Principal	Principal / Directeur
Office	Bureau
High school	École secondaire
Teenagers	Adolescents
Football field	Terrain de football
Cafeteria	Cafétéria
Gymnasium	Gymnase
University	Université
Freshman	Étudiant de première année
Sophomore	Étudiant de deuxième année
Junior	
Senior	Étudiant de troisième année
	Étudiant diplômé
Theater	Théâtre
Swimming pool	Piscine
Parking lot	Parking
Campus	Campus
Residence	Résidence
Subject	Sujet/sujet
Favorite subject	Matière(s) préférée(s) Favoris
Literature	Littérature
Experiments	Expériences
International students	Étudiants internationaux

Go sightseeing	Faire du tourisme
Room	chambre
Chalk	Craie
Desk	Bureau
Bookcase	Bibliothèque
Table	Tableau
School play	la pièce de théâtre de l'école
Actor	Acteur
To play	Comédie (pièce de théâtre)
Costume	Costume
Curtain	Rideau
Clap	Clap
Make-up artist	Artiste maquilleur
Witch	Sorcière
Broom	Balai
Act	Acte (au théâtre)
Playground	Terrain de jeux
Toy	Jouet
Truck	Camion
Toy truck	Camion-jouet
Doll house	Maison de poupées
Homework	Devoirs à domicile
Read	Lire
Chapter	Chapitre
Lab	Laboratoire
Library	Bibliothèque
Books	Livres
Mystery	Roman policier (Mystère)
Atlas	Atlas
Librarian	Bibliothécaire
Computer	Ordinateur

1.1 **Jessica's first day of school**
Le premier jour d'école de Jessica

Today is Jessica's first day of kindergarten.

Jessica and her parents walk to school.

Jessica's Mom walks with her to her classroom.

Jessica meets her teacher.

His name is Mr. Parker.

The school bell rings at 8.45 A.M.

Jessica hugs and kisses her Mom goodbye.

Jessica's Mom says **"I love you."**

At 9.00 A.M., Jessica stands for the National anthem.

Mr. Parker calls out children's names.

Each child yells back **"Here."**

Mr. Parker teaches them about letters.

Mr. Parker teaches them about numbers.

At 10:15 A.M. the students have recess.

Recess is fun.

Aujourd'hui est Le premier jour d'école de Jessica.

Jessica et ses parents se rendent à l'école à pied.

La maman de Jessica l'accompagne jusqu'à sa salle de classe.

Jessica rencontre son professeur.

Il s'appelle M. Parker.

La cloche de l'école sonne à 8 h 45.

Jessica fait un câlin et embrasse sa mère pour lui dire au revoir.

La maman de Jessica dit **"Je t'aime"**.

A 9h00, Jessica se lève pour l'hymne national.

M. Parker appelle les noms des enfants.

Chaque enfant répond en criant **"Ici"**.

M. Parker leur apprend les lettres.

M. Parker leur apprend les chiffres.

A 10h15, les élèves ont la récréation.

La récréation est amusante.

The students get to play and eat.

At 10:30 A.M. the students go to gym class.

At 11:15 A.M. the students return to Mr. Parker's classroom.

Mr. Parker tells the students to sit on the carpet.

Mr. Parker reads the students a story.

Mr. Parker teaches the students a song.

The lunch bell rings.

Jessica's first day of school is over.

Les élèves peuvent jouer et manger.

À 10 h 30, les élèves vont au cours de gymnastique.

À 11 h 15, les élèves retournent dans la classe de M. Parker.

M. Parker dit aux élèves de s'asseoir sur le tapis.

M. Parker lit une histoire aux élèves.

M. Parker apprend une chanson aux élèves.

La cloche du déjeuner sonne.

Le premier jour d'école de Jessica est terminé.

1.2 Summer vacation - *Vacances d'été.*

Today is the last day of school.	Aujourd'hui, c'est le dernier jour d'école.
It is summer vacation.	Ce sont les vacances d'été.
Grace is very excited.	Grace est très excitée.
This summer will be fun.	Cet été va être amusant.
Grace is going to visit her Grandparents.	Grace va rendre visite à ses grands-parents.
They have a cottage.	Ils ont une maison de campagne.
The cottage is on Lake Erie.	Le chalet est sur le lac Erie.
It is a lot of fun.	C'est très amusant.
Grace is going to swim.	Grace va nager.
She is going to play board games.	Elle va jouer à des jeux de société.
She is going to talk with her grandparents.	Elle va parler avec ses grands-parents.
Grace is going to have fun.	Grace va s'amuser.
Grace is going to a summer camp.	Grace va aller dans un camp d'été.
She will sleep in a cabin.	Elle va dormir dans une cabane.
She will make lots of new friends.	Elle va se faire plein de nouveaux amis.
Grace will learn campfire songs.	Grace va apprendre des chansons de feu de camp.
Camp will be fun.	Le camp sera amusant.
Grace is going to Cape Cod with her parents.	Grace va aller à Cape Cod avec ses parents.
We are going for two weeks.	Nous partons pour deux semaines.
We are going to drive.	Nous allons conduire.
Grace will see the ocean.	Grace verra l'océan.
Cape Cod will be beautiful.	Cape Cod sera magnifique.
Summer vacation is **fun**.	Les vacances d'été sont **amusantes**.

1.3   School- *École*

There are different types of schools.	Il y a différents types d'écoles.
There is an elementary school.	Il y a une école primaire.
The children at the elementary school are young.	Les enfants de l'école primaire sont jeunes.
There is a playground for them to play in.	Il y a une cour de récréation pour qu'ils puissent jouer.
The classrooms are bright and airy.	Les salles de classe sont claires et aérées.
There are blackboards in the classrooms.	Il y a des tableaux noirs dans les salles de classe.
The children sit at desks to do their work.	Les enfants s'assoient sur des pupitres pour faire leur travail.
There is a parking lot for the teachers to park in.	Il y a un parking pour les enseignants.
There is a cafeteria for the students to get food.	Il y a une cafétéria pour que les élèves puissent manger.
The principal has an office.	**Le directeur a un bureau.**
Nobody wants to go to the principal's office.	Personne ne veut aller dans le bureau du directeur.
It usually means that you are in trouble if you have to go to the principal's office.	Cela signifie généralement que vous avez des problèmes si vous devez aller au bureau du directeur.
When you finish elementary school, you go to high school.	À la fin de l'école primaire, on entre à l'école secondaire.
Most of the students in high school are teenagers.	La plupart des élèves du secondaire sont des adolescents.
There is a parking lot outside the high school.	Il y a un parking à l'extérieur de l'école secondaire.

There is also a football field outside.	Il y a aussi un terrain de football à l'extérieur.
The students go to classes in different classrooms.	Les élèves vont en classe dans différentes salles.
They move from classroom to classroom for each subject.	Ils se déplacent de classe en classe pour chaque matière.
There is a cafeteria where they can get their lunches or eat the lunches that they have brought from home.	Il y a une cafétéria où ils peuvent prendre leur déjeuner ou manger celui qu'ils ont apporté de chez eux.
There is a gymnasium where students have physical education.	Il y a un gymnase où les élèves font de l'éducation physique.
Dances are also held in the gymnasium.	DE la danse est également organisé dans le gymnase.
Some students go on to university from high school.	Certains élèves passent du lycée à l'université.
Students at the university are older.	Les étudiants de l'université sont plus âgés.
Some of the students are even senior **citizens**.	Certains d'entre eux sont même des **personnes âgées**.
People come from all over the world to attend the university.	Des gens viennent du monde entier pour fréquenter l'université.
There are lots of different things at the university.	Il y a beaucoup de choses différentes à l'université.
There is a theater where plays and concerts are held.	Il y a un théâtre où se déroulent des pièces et des concerts.
There is a bookstore where students can buy their textbooks.	Il y a une librairie où les étudiants peuvent acheter leurs manuels scolaires.
There is a physical education building that has a swimming pool in it.	Il y a un bâtiment d'éducation physique avec une piscine.

The parking lot at the university is very big.	Le parking de l'université est très grand.
They call the land that the university is on a **campus**.	On appelle le terrain sur lequel se trouve l'université un **campus**.
Some of the students live on campus in residences.	Certains des étudiants vivent sur le campus dans des résidences

1.4   Subjects - *Les matières*

There are many subjects that you can take at school.	Il y a beaucoup de matières que l'on peut choisir à l'école.
My favorite subject is music.	Ma matière préférée est la musique.
I like to sing and to play the clarinet.	J'aime chanter et jouer de la clarinette.
I also like art.	**J'aime aussi l'art.**
I am quite good at drawing and painting.	Je suis assez doué pour le dessin et la peinture.
History is a good subject.	L'histoire est une bonne matière.
I like learning about the past.	J'aime apprendre des choses sur le passé.
Geography is very interesting.	La géographie est très intéressante.
We look at many maps in geography.	Nous regardons de nombreuses cartes en géographie.
We learn where there are deserts and mountains.	Nous apprenons où se trouvent les déserts et les montagnes.
I know the names of all the continents and all the oceans.	Je connais le nom de tous les continents et de tous les océans.
Mathematics is my least favorite subject.	Les mathématiques sont la matière que j'aime le moins.

I am not very good with numbers.	Je ne suis pas très douée avec les chiffres.
I am good at addition and subtraction, but I am not good at division and multiplication.	Je suis bon pour les additions et les soustractions, mais pas pour les divisions et les multiplications.
In my school we learn to speak French.	Dans mon école, nous apprenons à parler français.
We learn French because Canada has French and English-speaking citizens.	Nous apprenons le français parce que le Canada a des citoyens qui parlent français et anglais.
English literature is a good subject.	La littérature anglaise est une bonne matière.
I enjoy reading books.	J'aime lire des livres.
I also like to write compositions and poetry.	J'aime aussi écrire des compositions et des poèmes.
Science is my brother's favorite subject.	Les sciences sont la matière préférée de mon frère.
He is interested in plants, and he likes to do experiments.	Il s'intéresse aux plantes et il aime faire des expériences.
We also take drama at my school.	Nous suivons également des cours de théâtre à mon école.
I like to act.	**J'aime jouer la comédie.**
I got the lead role in the school play.	J'ai eu le rôle principal dans la pièce de théâtre de l'école.

1.5 International students
Les étudiants étrangers

We have many international students at my school.

Nous avons beaucoup d'élèves internationaux dans mon école.

Some of the students come from England.

Certains d'entre eux viennent d'Angleterre.

They speak English, but they have an accent that is different from a Canadian accent.

Ils parlent anglais, mais ils ont un accent différent de l'accent canadien.

Many students are from Japan.

De nombreux élèves viennent du Japon.

They are learning our language and our customs.

Ils apprennent notre langue et nos coutumes.

We have students from Germany, Italy, China, Korea and Iran.

Nous avons des étudiants d'Allemagne, d'Italie, de Chine, de Corée et d'Iran.

We try to make those students feel welcome here.

Nous essayons de faire en sorte que ces étudiants se sentent les bienvenus ici.

The students like to see what is here.

Les étudiants aiment voir ce qu'il y a ici.

They go sightseeing.

Ils font du tourisme.

They visit all the places that the tourists like to go to.

Ils visitent tous les endroits où les touristes aiment aller.

Niagara Falls and Toronto are interesting places to visit.

Les chutes du Niagara et Toronto sont des endroits intéressants à visiter.

The students practice their English by talking to Canadians.

Les élèves pratiquent leur anglais en parlant avec des Canadiens.

When they first get here, we show them around.

Lorsqu'ils arrivent ici, nous leur faisons visiter les lieux.

They do many exercises to learn the language.	Ils font de nombreux exercices pour apprendre la langue.
They listen to English songs.	Ils écoutent des chansons en anglais.
They read story books that are written in English.	Ils lisent des livres d'histoires qui sont écrits en anglais.
They listen to English language tapes.	Ils écoutent des cassettes en anglais.
The best way to learn the language is to talk to other people.	La meilleure façon d'apprendre la langue est de parler à d'autres personnes.
It is good to ask questions in English.	Il est bon de poser des questions en anglais.
Canadians try to be helpful to international students.	Les Canadiens essaient d'aider les étudiants étrangers.
Some of the international students live with host families.	Certains étudiants étrangers vivent dans des familles d'accueil.
The host families have the students living in their homes.	Les familles d'accueil accueillent les étudiants chez elles.
It is a good way for the host families and the students to make friends.	C'est un bon moyen pour les familles d'accueil et les étudiants de se faire des amis.
Many of the international students stay in contact with their friends and host families even after they have gone back to their homelands.	Beaucoup d'étudiants internationaux restent en contact avec leurs amis et leurs familles d'accueil même après leur retour dans leur pays d'origine.
The international students learn a lot from their host families because they eat Canadian foods, and they learn what it is like to live in a Canadian household.	Les étudiants internationaux apprennent beaucoup de leurs familles d'accueil, car ils mangent des aliments canadiens et apprennent ce que c'est que de vivre dans un foyer canadien.

1.6 My classroom - *Ma salle de classe*

My classroom is a large room.

It is full of brightly coloured pictures.

My teacher hangs pictures up all over the walls.

There are blackboards at the front of the room.

My teacher always has writing all over the blackboards.

Sometimes the chalk squeaks when she writes on the blackboard.

We cover our ears when that happens.

Our classroom is full of desks.

There are a lot of students in our class.

Our desks are full of books, notebooks and pens.

I try to keep my desk neat, but I have a lot of things in there.

My ruler and pencils are always falling out of my desk.

At the back of the room is a bookcase full of books.

Ma salle de classe est une grande pièce.

Elle est pleine d'images aux couleurs vives.

Mon professeur accroche des images sur tous les murs.

Il y a des tableaux noirs à l'avant de la salle.

Ma maîtresse a toujours de l'écriture partout sur les tableaux noirs.

Parfois, la craie grince lorsqu'elle écrit sur le tableau noir.

Nous nous bouchons les oreilles quand cela arrive.

Notre classe est pleine de pupitres.

Il y a beaucoup d'élèves dans notre classe.

Nos pupitres sont remplis de livres, de cahiers et de stylos.

J'essaie de garder mon bureau bien rangé, mais j'y ai beaucoup de choses.

Ma règle et mes crayons tombent toujours de mon bureau.

Au fond de la salle, il y a une bibliothèque pleine de livres.

We can sign those books out and take them home to read.

I have read a lot of the books.
I like mysteries and biographies, so I have taken many of those home.
There are also tables at the back of the room.
That is where we do our artwork.

We spread out big sheets of paper, and we use paints or crayons to make pictures.

Sometimes we cut things out of magazines with scissors and we glue pictures to the paper.

I like art class.
After school, my friends and I often erase the blackboards for the teacher.
Then we take the erasers outside and clap them together to get the chalk dust out of them.

My friends and I walk home together and talk about what we did in school and what we're going to do after supper.

Nous pouvons signer ces livres et les emmener chez nous pour les lire.

J'ai lu beaucoup de livres.
J'aime les mystères et les biographies, alors j'en ai emporté beaucoup chez moi.
Il y a aussi des tables au fond de la salle.
C'est là que nous faisons nos travaux artistiques.

Nous étalons de grandes feuilles de papier et nous utilisons de la peinture ou des crayons de couleur pour faire des dessins.
Parfois, nous découpons des choses dans des magazines avec des ciseaux et nous collons les images sur le papier.

J'aime bien le cours d'art.
Après l'école, mes amis et moi effaçons souvent les tableaux noirs pour le professeur.
Ensuite, nous sortons les Eponges à effacer et nous les frappons ensemble pour faire partir la poussière de craie.
Mes amis et moi rentrons ensemble à la maison en parlant de ce que nous avons fait à l'école et de ce que nous allons faire après le dîner.

1.7   The School Play - La pièce de théâtre de l'école

We are putting on a play at school.

Nous jouons une pièce de théâtre à l'école.

Some of the students are actors in the play.

Certains élèves sont des acteurs de la pièce.

Some people are building the sets.

Certains construisent les décors.

Some people will sew costumes, and some people will be makeup artists.

Certains coudront les costumes et d'autres seront maquilleurs.

The teacher is the director of the play.

L'enseignant est le metteur en scène de la pièce.

The play will be held on a big stage in the gymnasium.

La pièce aura lieu sur une grande scène dans le gymnase.

The curtains will open, the lights will go on, and the play will begin.

Les rideaux vont s'ouvrir, les lumières vont s'allumer et la pièce va commencer.

It will be very exciting.

Ce sera très excitant.

All of our families will come to see the play.

Toutes nos familles viendront voir la pièce.

They will clap when the play is over.

Ils applaudiront à la fin de la pièce.

My friend is very good at cutting wood and building things.

Mon ami est très doué pour couper du bois et construire des choses.

He is helping to build the set.

Il aide à construire le décor.

My other friend, Michael, is an artist, so he is painting the set so that it looks like a forest.

Mon autre ami, Michael, est un artiste, alors il peint le décor pour qu'il ressemble à une forêt.

My friend Marie likes to put makeup on people, so she is a makeup artist.
She will put makeup on me so that I will look like an old woman.
Some of the mothers helped to sew the costumes.
The play is called **"Hansel and Gretel."**
I will play the part of the witch.
The boy who plays Hansel has to wear shorts and a shirt.
I wear a witch's hat and a black dress.
I also carry a broom.
Some of the people in my class will be dressed like trees and flowers.
This is a musical play, and the trees and flowers will sing to Hansel and Gretel as they walk through the forest.

I can hardly wait for opening night.
I want my family and friends to see me acting on stage.
I hope that they like the play.
We have all learned our lines and worked very hard at making this play a success.

Mon amie Marie aime maquiller les gens, elle est donc maquilleuse.
Elle va me maquiller pour que je ressemble à une vieille femme.
Certaines des mères ont aidé à coudre les costumes.
La pièce s'appelle **"Hansel et Gretel".**
Je jouerai le rôle de la sorcière.
Le garçon qui joue Hansel doit porter un short et une chemise.
Je porte un chapeau de sorcière et une robe noire.
Je porte aussi un balai.
Certaines personnes de ma classe seront habillées en arbres et en fleurs.
C'est une pièce musicale, et les arbres et les fleurs chanteront pour Hansel et Gretel pendant qu'ils se promènent dans la forêt.

J'ai hâte d'être à la première.
Je veux que ma famille et mes amis me voient jouer sur scène.
J'espère qu'ils aimeront la pièce.
Nous avons tous appris notre texte et travaillé très dur pour que cette pièce soit un succès.

1.8 My First Day of School
Mon premier jour d'école

I remember my first day of school.
I was excited, but I was afraid.

I held my mother's hand as we walked to the school.

When we got near the school, I wouldn't let her hold my hand anymore.
I didn't want to look like a baby.
We got to the school.
The school looked very big and **frightening**.
There were children outside on the playground.
They all looked very big.
I looked at them, and some of them looked at me.
I felt very small.
My mother and I went into the school and found the kindergarten room.
There were children in there.

Most of them were the same size as me.
My mother spoke to the kindergarten teacher.

Je me souviens de mon premier jour d'école.
J'étais excitée, mais j'avais peur.
Je tenais la main de ma mère pendant que nous marchions vers l'école.
Quand nous sommes arrivés près de l'école, je ne voulais plus qu'elle me tienne la main.
Je ne voulais pas avoir l'air d'un bébé.
Nous sommes arrivés à l'école.
L'école avait l'air très grande et **effrayante**.
Il y avait des enfants dehors sur la cour de récréation.
Ils avaient tous l'air très grands.
Je les ai regardés, et certains d'entre eux m'ont regardé.
Je me suis sentie toute petite .
Ma mère et moi sommes entrées dans l'école et avons trouvé la salle du jardin d'enfants.
Il y avait des enfants à l'intérieur.
La plupart d'entre eux étaient de la même taille que moi.
Ma mère a parlé à l'institutrice du jardin d'enfants.

The teacher was very nice. She said my name, and she introduced me to some of the other children.

I already knew some of the children because they lived near me.
I began to play with some of the things that were in the classroom.
There were toy trucks, coloring books, and even a doll house.

I soon forgot to be scared, and I began to play with the other children.
I didn't even notice that my mother had left the room.
In school we sang songs, played some games and listened as the teacher read us a story.

I had a lot of fun on my first day of school.
I even drew a picture of my teacher.
I took the picture home, and my mother put it on the refrigerator.
I like school.
It is a good place to meet new friends and learn all about the world.

L'institutrice était très gentille. Elle a dit mon nom et m'a présenté à d'autres enfants.

Je connaissais déjà certains de ces enfants parce qu'ils vivaient près de chez moi.
J'ai commencé à jouer avec certaines des choses qui se trouvaient dans la classe.
Il y avait des camions jouets, des livres à colorier et même une maison de poupée.

J'ai vite oublié que j'avais peur et j'ai commencé à jouer avec les autres enfants.
Je n'ai même pas remarqué que ma mère avait quitté la pièce.
À l'école, nous avons chanté des chansons, joué à des jeux et écouté l'instituteur nous lire une histoire.

Je me suis beaucoup amusé lors de mon premier jour d'école.
J'ai même fait un dessin de ma maîtresse.
J'ai ramené le dessin à la maison et ma mère l'a mis sur le réfrigérateur.
J'aime l'école.
C'est un bon endroit pour rencontrer de nouveaux amis et apprendre tout sur le monde.

1.9 **Homework -** Les devoirs

Sometimes, my teacher gives us homework.

I don't mind doing my homework except when the weather is really nice, and all my friends are outside.

On those nights, I'd rather be outside with them, so I try to get my homework done quickly.

Tonight, I have some English homework.

We have been reading a book.

We have to read a chapter of the book and answer the questions at the end of the chapter.

It is an interesting book, so the homework for this is quite easy.

My math homework is not so easy.

I have to do some addition and subtraction.

I don't mind that, but there are some problems that need to be solved.

Parfois, mon professeur nous donne des devoirs.

Cela ne me dérange pas de faire mes devoirs, sauf quand il fait vraiment beau et que tous mes amis sont dehors.

Ces soirs-là, je préfère être dehors avec eux, alors j'essaie de faire mes devoirs rapidement.

Ce soir, j'ai des devoirs d'anglais.

Nous avons lu un livre.

Nous devons lire un chapitre du livre et répondre aux questions à la fin du chapitre.

C'est un livre intéressant, donc le devoir est assez facile.

Mes devoirs de maths ne sont pas si faciles.

Je dois faire des additions et des soustractions.

Cela ne me dérange pas, mais il y a des problèmes à résoudre.

The problems involve addition, subtraction and multiplication.

I am not too good with numbers.
I need to work harder on my math.
I just finished a project for history.
I had to make a map of Canada with diagrams showing the routes of all the explorers.

It was an interesting project because I have been to some of the places that the explorers went to.
I don't have any science homework.
At school, we are growing bean plants.
We go in every day and see how the plants have grown.

We write down all the changes that occur in the plant every day.
The only other homework that I have is geography.
I have a map of Canada, and I have to write the names of all the provinces and their capitals on it.

Ces problèmes concernent l'addition, la soustraction et la multiplication.
Je ne suis pas très doué avec les chiffres.
Je dois travailler davantage sur mes mathématiques.
Je viens de terminer un projet d'histoire.
Je devais faire une carte du Canada avec des diagrammes montrant les routes de tous les explorateurs.

C'était un projet intéressant parce que je suis allé dans certains des endroits où les explorateurs sont allés.
Je n'ai pas de devoirs de sciences.
À l'école, nous faisons pousser des haricots.
Nous y allons tous les jours pour voir comment les plantes ont poussé.

Nous notons tous les changements qui se produisent dans la plante chaque jour.
Le seul autre devoir que j'ai, c'est la géographie.
J'ai une carte du Canada et je dois y écrire les noms de toutes les provinces et de leurs capitales.

It won't take me long to do that because I know all the provinces.

When my homework is all done, I will go outside and play ball with my friends until it is time to come in.

I am a good student.

I get good marks because I like school.

My favorite subjects are physical education, English and history.

Math is my least favorite subject, but I'm trying to improve my marks in that.

Cela ne me prendra pas beaucoup de temps car je connais toutes les provinces.

Quand j'aurai fini mes devoirs, j'irai dehors jouer au ballon avec mes amis jusqu'à ce que ce soit l'heure de rentrer.

Je suis un bon élève.

J'ai de bonnes notes parce que j'aime l'école.

Mes matières préférées sont l'éducation physique, l'anglais et l'histoire.

Les mathématiques sont la matière que je préfère le moins, mais j'essaie d'améliorer mes notes dans cette matière.

1.10 The Library - *La bibliothèque*

One of my favorite places is the library.
I go there to get books for school, and I go there to get books for pleasure.

I often read mysteries for fun.

In the summer, I read lots of mysteries.
I like to sit outside and read.
In the winter, I have to read books for school.
I go to the library to find out things for my projects.

I often use the dictionary and the atlas.
Some of my friends go with me, and we sit at the tables and do our homework.

We can't make a lot of noise in the library.
People have to be quiet when they are in a library.

When I first went to the library, I was confused about how to find books.

L'un de mes endroits préférés est la bibliothèque.
J'y vais pour trouver des livres pour l'école, et j'y vais pour trouver des livres pour le plaisir.

Je lis souvent des romans policiers pour m'amuser.
En été, je lis beaucoup de mystères.
J'aime m'asseoir dehors et lire.
En hiver, je dois lire des livres pour l'école.
Je vais à la bibliothèque pour trouver des choses pour mes projets.

J'utilise souvent le dictionnaire et l'atlas.
Certains de mes amis m'accompagnent et nous nous asseyons aux tables pour faire nos devoirs.

On ne peut pas faire beaucoup de bruit à la bibliothèque.
Les gens doivent être silencieux quand ils sont dans une bibliothèque.
La première fois que je suis allé à la bibliothèque, je ne savais pas comment trouver des livres.

The librarian showed me how to use the computer to find books.	Le bibliothécaire m'a montré comment utiliser l'ordinateur pour trouver des livres.
Now I am able to do all my research myself.	**Maintenant**, je suis capable de faire toutes mes recherches moi-même.
I have read some very interesting books.	J'ai lu des livres très intéressants.
I have learned a lot from library books.	J'ai beaucoup appris grâce aux livres de la bibliothèque.
I always bring the books back on time so I don't get a fine.	Je rapporte toujours les livres à temps pour ne pas avoir d'amende.
I am collecting books at home.	Je collectionne les livres à la maison.
People often give me books for gifts.	Les gens me donnent souvent des livres en cadeau.
Soon I will have my own library.	**Bientôt**, j'aurai ma propre bibliothèque.
Reading is a good hobby.	La lecture est un bon passe-temps.
Everyone in my family likes to read.	Tous les membres de ma famille aiment lire.
The library has other things besides books.	La bibliothèque a d'autres choses que des livres.
There are videos at the library.	Il y a des vidéos à la bibliothèque.
There are also compact discs at the library.	Il y a aussi des disques compacts à la bibliothèque.
I have a library card so I can get books, videos or compact discs whenever I want to.	J'ai une carte de bibliothèque et je peux aller chercher des livres, des vidéos ou des disques compacts quand je veux.

My mother sometimes goes to the library to look at the magazines.	Ma mère va parfois à la bibliothèque pour regarder les magazines.
She gets some good recipes from the magazines.	Elle y trouve de bonnes recettes.
My father looks for books on how to build things.	Mon père cherche des livres sur la façon de construire des choses.
He is building some bookshelves for me at the moment.	En ce moment, il construit des étagères pour moi.
He found the instructions in a book.	Il a trouvé les instructions dans un livre.
My little brother reads children's books.	Mon petit frère lit des livres pour enfants.
He likes books about trains.	Il aime les livres sur les trains.
I have liked books ever since I was very small.	J'aime les livres depuis que je suis tout petit.
My mother says that reading is a good habit to get into.	Ma mère dit que la lecture est une bonne habitude à prendre.

SCAN ME

Listen to Audio files Here!

Chapter 2: SEASON - Saison
Vocabulary Overview - Resumé de vocabulaire

Season	Saison
(To) Snow	Neiger (v)
Snow	Neige (N)
To Fall	Automne
Day	Jour
Today	Aujourd'hui
To Shovel	Pelleter (neige)
Driveway	Allée de garage
Hat	Chapeau
Mittens	Moufles
Scarf	Écharpe
To Zipper	Zipper
Zipper	Zip
Jacket	Veste
To Put	Mettez
(To) Go Outside	Sortie (v)
(To) Go Inside	Aller à l'intérieur
Make Snow Angels	Faire des anges dans la neige
(To) Throw Snowball(S)	Lancer des boules de neige
Easter	Pâques
Easter Egg Hunt	Chasse aux œufs de Pâques
To Be Fun	S'amuser
To Hide	Cacher

Chocolate Bunnies	En forme de chocolat Lapins
To Close	Fermer
To Find	Trouver
Behind	Dos
To Clean Up	Nettoyer
Leaf/Leaves	Feuille / Feuilles
Maple	Érable
Wind	Vent
Strong	Fort
Winter	Hiver
To Fall Off	Falling
Rake	Râteau
Garbage Bag(S)	Sac poubelle
To Gather	Rassembler
Big Pile	Grande pile
To Full	Remplir/ Compléter
Cold	Froid
Sun	Soleil
Blow	Hit
Swimming	Baignade
Ice	Glace
Spring	Printemps
Fall / Autumn	Automne
Warmer	Plus chaud
Weather	Climat (Météo)
Tree(S)	Arbres
Cooler	Plus frais

Flower(S)	Fleur(s)
Bloom	fleurir
Rain	Pluie
Summer	Été

2.1 First snow fall - *Première chute de neige*

Today is November 26th.	Nous sommes le 26 novembre.
It snowed all day today.	Il a neigé toute la journée aujourd'hui.
The snow is beautiful.	La neige est magnifique.
The snow finally stopped.	La neige s'est enfin arrêtée.
My sister and I are excited.	Ma sœur et moi sommes ravies.
My Mom doesn't like the snow.	Ma mère n'aime pas la neige.
My Mom has to shovel the driveway.	Ma mère doit déblayer l'allée.
My sister and I get to play.	Ma sœur et moi pouvons jouer.
I put on my hat and mittens.	Je mets mon bonnet et mes moufles.
My Mom puts on my scarf.	Ma mère met mon écharpe. Ma
My Mom zippers my jacket.	mère ferme la fermeture éclair de ma veste.
My sister puts on her hat and mittens.	Ma soeur met son bonnet et ses moufles.
My Mom puts on her scarf.	Ma mère met son écharpe.
My Mom zippers her jacket.	Ma mère ferme la fermeture éclair de sa veste.
My sister and I go outside.	Ma sœur et moi allons dehors.
We begin to make a snowman.	Nous commençons à faire un bonhomme de neige.

My Mom starts to shovel the snow.	Ma mère commence à pelleter la neige.
My sister and I make snow angels.	Ma sœur et moi faisons des anges de neige.
My sister and I throw snowballs.	Ma sœur et moi lançons des boules de neige.
It starts to snow again.	Il recommence à neiger.
We go inside for hot chocolate.	Nous rentrons à l'intérieur pour boire un chocolat chaud.

2.2 The Easter egg hunt
La chasse aux œufs de Pâques

Samantha is going to an Easter egg hunt.	Samantha va à la chasse aux œufs de Pâques.
Tracey is going to an Easter egg hunt.	Tracey va à la chasse aux œufs de Pâques.
The Easter egg hunt is at Sydney's house.	La chasse aux œufs de Pâques a lieu dans la maison de Sydney.
It is going to be fun.	Cela va être amusant.
Sydney's mom hid chocolate eggs.	La maman de Sydney a caché des œufs en chocolat.
Sydney's mom hid chocolate bunnies.	La mère de Sydney a caché des lapins en chocolat.
Everybody is here.	**Tout le monde est là.**
Everybody has an Easter basket.	Tout le monde a un panier de Pâques.
The Easter egg hunt can start.	La chasse aux oeufs de Pâques peut commencer.
Everybody must close their eyes.	Tout le monde doit fermer les yeux.

One, two, three, go!	Un, deux, trois, c'est parti!
Samantha finds an Easter egg.	Samantha trouve un oeuf de Pâques.
The Easter egg is behind a table.	L'œuf de Pâques est derrière une table.
She puts it in her basket.	**Elle le met dans son panier.**
Tracey finds a chocolate Easter bunny.	Tracey trouve un lapin de Pâques en chocolat.
It's under the couch.	Il est sous le canapé.
Tracey puts in her basket.	Tracey le met dans son panier.
Sydney finds a chocolate Easter bunny too.	Sydney trouve aussi un lapin de Pâques en chocolat.
It's in front of the television.	Il est devant la télévision.
She puts in her basket.	Elle le met dans son panier.
Everybody finds lots of chocolate.	Tout le monde trouve beaucoup de chocolat.
Everybody shares their chocolate.	Tout le monde partage son chocolat.
Samantha, Tracey, and Sydney love Easter.	Samantha, Tracey et Sydney aiment Pâques.

2.3 Cleaning Up Leaves - Nettoyer les feuilles

The leaves are changing colors.
I see red maple leaves.

I see orange maple leaves.

I see yellow maple leaves.

The leaves are beautiful.
It is starting to get cold.
The wind is strong.
Winter is coming.
The leaves fall off the trees.
On Saturday we will clean them up.
The whole family helps.
My Dad gets the rake.
My Mom gets the garbage bags.

My brother and I help too.
We gather leaves with our hands.
We make a big pile.
My brother and I jump in the leaves.
We make a big mess.

Our parents don't mind.

Our parents fill our coats with leaves.

Les feuilles changent de couleur.
Je vois des feuilles d'érable rouges.

Je vois des feuilles d'érable orange.

Je vois des feuilles d'érable jaunes.

Les feuilles sont belles.
Il commence à faire froid.
Le vent est fort.
L'hiver arrive.
Les feuilles tombent des arbres.
Samedi, nous les nettoierons.

Toute la famille aide.
Mon père prend le râteau.
Ma mère prend les sacs poubelles.

Mon frère et moi aidons aussi.
Nous ramassons les feuilles avec nos mains.
Nous faisons un gros tas.
Mon frère et moi sautons dans les feuilles.
Nous faisons un grand désordre.

Nos parents n'y voient pas d'inconvénient.

Nos parents remplissent nos manteaux de feuilles.

We look really big. | Nous avons l'air très grands.
Everyone laughs. | Tout le monde rit.
Play time is over. | La récréation est terminée.
Back to work. | Retour au travail.

2.4 Season - *Saison*

There are four seasons. | Il y a quatre saisons.
Winter is the cold season. | L'hiver est la saison froide.
It snows in the winter. | Il neige en hiver.
The winds blow, and ice forms on the water. | Les vents soufflent et la glace se forme sur l'eau.
We play hockey on the ice. | Nous jouons au hockey sur la glace.

We play in the snow. | **Nous jouons dans la neige.**
After winter is the spring. | Après l'hiver, il y a le printemps.
That is when it begins to get warmer. | C'est à ce moment-là qu'il commence à faire plus chaud.
Trees get buds on them. | Les arbres ont des bourgeons.
Flowers start to bloom. | Les fleurs commencent à éclore.
It rains a lot in the spring. | Il pleut beaucoup au printemps.
Spring is followed by the summer. | Le printemps est suivi par l'été.
It can get very hot in the summertime. | Il peut faire très chaud en été.
The sun shines brightly. | Le soleil brille de mille feux.
We go swimming in the summer. | Nous allons nous baigner en été.
We spend a lot of time outdoors. | Nous passons beaucoup de temps à l'extérieur.
Many people go on vacations in the summer. | Beaucoup de gens partent en vacances en été.

We get a summer vacation from school.	Nous avons des vacances d'été à l'école.
Summer is followed by the fall or autumn.	L'été est suivi par l'automne.
The leaves on the trees change colours.	Les feuilles des arbres changent de couleur.
They change from green to red, orange and brown.	Elles passent du vert au rouge, à l'orange et au brun.
The leaves fall off the trees.	Les feuilles tombent des arbres.
The weather gets cooler.	Le temps se rafraîchit.
The days get shorter.	Les jours raccourcissent.
We go back to school in the fall.	Nous retournons à l'école à l'automne.
Then, winter comes again.	Puis, l'hiver revient.
The seasons follow one after each other.	Les saisons se succèdent les unes après les autres.

2.5 Weather - La météo

You can watch the weatherman on TV, to find out what the weather will be like.

Tu peux regarder le présentateur météo à la télévision pour savoir quel temps il va faire.

It might be a nice clear day with no clouds in the sky.

Il se peut que ce soit une belle journée claire, sans nuages dans le ciel.

The sun might be shining.
It could be a cloudy day.

Le soleil peut briller.
Ce pourrait être un jour nuageux.

Sometimes, cloudy days are just dull.
On some cloudy days, it begins to rain or snow.
Some days are rainy.
You need a raincoat, umbrella and boots on a rainy day.

Parfois, les journées nuageuses sont simplement ennuyeuses.
Certains jours nuageux, il se met à pleuvoir ou à neiger.
Certains jours sont pluvieux.
Vous avez besoin d'un imperméable, d'un parapluie et de bottes les jours de pluie.

Rain makes the flowers and grass grow.
The weather forecast might say that it will be windy.

La pluie fait pousser les fleurs et l'herbe.
Les prévisions météorologiques peuvent indiquer qu'il y aura du vent.

You could have a gentle breeze.

Vous pourriez avoir une brise légère.

It might be very gusty so that the wind pushes you.
It is dangerous if the wind is very strong.

Il peut y avoir de fortes rafales et le vent peut vous pousser.
C'est dangereux si le vent est très fort.

A hurricane or tornado is very dangerous.	Un ouragan ou une tornade est très dangereux.
Once in a while, the weatherman says there will be hail.	De temps en temps, le météorologue dit qu'il y aura de la grêle.
Hail stones are hard cold pellets of ice that fall from the sky.	Les grêlons sont des granules de glace durs et froids qui tombent du ciel.
Sometimes, the weatherman will say that there will be snow flurries.	Parfois, le présentateur météo dit qu'il y aura des averses de neige.
Sometimes, there is just a light dusting of snow.	Parfois, il n'y a qu'un léger saupoudrage de neige.
Sometimes, there is a blizzard or a snowstorm.	Parfois, il y a un blizzard ou une tempête de neige.
It can be dangerous driving through a blizzard.	Il peut être dangereux de conduire dans un blizzard.
If there is a lot of snow, the streets have to be plowed.	S'il y a beaucoup de neige, les rues doivent être déneigées.
You need a hat, coat, mittens and boots on a very cold day.	Tu as besoin d'un chapeau, d'un manteau, de moufles et de bottes les jours de grand froid.
Sometimes, the weather forecast is wrong.	**Parfois**, les prévisions météorologiques sont fausses.
The weatherman might say that it will be a sunny day, but then the clouds come in and it rains.	Le météorologue peut dire que la journée sera ensoleillée, mais ensuite les nuages arrivent et il pleut.
That is not good if you are planning a picnic.	Ce n'est pas bon si vous prévoyez un pique-nique.
I prefer sunny days that are warm but not too hot.	Je préfère les journées ensoleillées, chaudes mais pas trop.

I like to feel a gentle breeze to cool me down.

J'aime sentir une légère brise pour me rafraîchir.

2.6 Autumn - L'automne

Some people call autumn the "**fall**."
You can call it either one.

Autumn is the time when the leaves change color.
They change from green to beautiful shades of gold, orange and red.
It looks like an artist has come along and painted all the trees.
The air starts to get a little cooler in the autumn.
We begin to wear jackets or sweaters.
We go back to school in the autumn.
The teacher sometimes gets us to make leaf collections.
We collect different types of leaves and make a display of them.
Autumn is the time when old friends get back together and talk about what they did on their summer vacations.
Halloween comes in the autumn.

Certaines personnes appellent l'automne **" Fall "**.
Vous pouvez l'appeler comme vous voulez.
L'automne est le moment où les feuilles changent de couleur.
Elles passent du vert à de magnifiques nuances d'or, d'orange et de rouge.
On dirait qu'un artiste est venu et a peint tous les arbres.
L'air commence à devenir un peu plus frais en automne.
Nous commençons à porter des vestes ou des pulls.
Nous retournons à l'école à l'automne.
L'enseignant nous demande parfois de ramasser des feuilles.
Nous ramassons différentes sortes de feuilles et nous les exposons.
L'automne est le moment où les vieux amis se retrouvent et parlent de ce qu'ils ont fait pendant leurs vacances d'été.
Halloween a lieu en automne.

We dress up in costumes.
Some of them are scary, and some of them are funny.
We go from door to door and say **"Trick or treat"** and people give us candies.

We wear masks on our faces, and we have a lot of fun.

The autumn winds start to blow.

The wind blows the leaves right off the trees until the trees have bare branches.

My friends and I like to have a lot of fun outside before the winter leaves us shivering.
We play football and soccer at school.
After school, we ride our bikes through piles of dry leaves.

The leaves go flying through the air as we drive through them.
My parents rake the leaves up and put them in big pile.

I like to jump in the big piles of leaves, but then my parents just have to rake them up again.

Nous nous déguisons.
Certains sont effrayants, d'autres sont drôles.
Nous allons de porte en porte en disant " **des bonbons ou un sort"** et les gens nous donnent des bonbons.

Nous portons des masques sur nos visages et nous nous amusons beaucoup.

Les vents d'automne commencent à souffler.

Le vent fait tomber les feuilles des arbres jusqu'à ce que les arbres n'aient plus que des branches.

Mes amis et moi aimons nous amuser dehors avant que l'hiver ne nous fasse frissonner.
Nous jouons au football et au soccer à l'école.
Après l'école, nous faisons du vélo dans des tas de feuilles sèches.

Les feuilles s'envolent dans les airs lorsque nous les traversons.
Mes parents ratissent les feuilles et les mettent dans un grand tas.

J'aime sauter dans les gros tas de feuilles, mais mes parents doivent alors les ratisser à nouveau.

The skies get a little cloudier in the autumn, and we know that soon there will be snow, so we enjoy the brisk autumn weather while we can.

Le ciel devient un peu plus nuageux en automne, et nous savons que bientôt il y aura de la neige, alors nous profitons du temps vif de l'automne tant que nous le pouvons.

2.7 **Winter** - *L'hiver*

Once the fall is over and the snowflakes start to fall I get very excited.

Une fois que l'automne est terminé et que les flocons de neige commencent à tomber, je suis très excitée.

I can hardly wait for the ground to be covered with a blanket of white snow.

J'ai hâte que le sol soit recouvert d'un manteau de neige blanche.

I put on my mittens, my scarf, my hat, coat and winter boots, and I run out into the fluffy snow.

Je mets mes moufles, mon écharpe, mon chapeau, mon manteau et mes bottes d'hiver, et je cours dans la neige duveteuse.

I have to be careful not to slip on the ice.

Je dois faire attention à ne pas glisser sur la glace.

It can get very icy and cold in the winter.

Il peut faire très froid et glacial en hiver.

The first thing that I do is to build a snowman.

La première chose que je fais est de construire un bonhomme de neige.

I sometimes build a snow fort too.

Parfois, je construis aussi un fort de neige.

My friends and I have a good snowball fight.

Mes amis et moi faisons une bonne bataille de boules de neige.

We laugh a lot, and our cheeks and noses get very red.

When we get too cold, we go into the house and have a cup of hot chocolate.

My father fills the backyard with water that freezes and turns into an ice rink.

When the ice is hard enough, my friends and I get our skates and we go out on the ice to play hockey.

All of my friends own hockey sticks.

I am usually the goalie, and I have to keep the puck from going into the net.

My sister and her friends don't really like to play hockey.

They would rather just skate around on the ice.

I took skating lessons, so I don't usually fall down.

My little brother is just learning to skate, so he falls down a lot.

My father has to shovel the snow off the paths and the driveway in the winter.

I help him.

Nous rions beaucoup, et nos joues et notre nez deviennent très rouges.

Quand nous avons trop froid, nous rentrons dans la maison et nous prenons une tasse de chocolat chaud.

Mon père remplit le jardin d'eau qui gèle et se transforme en patinoire.

Quand la glace est assez dure, mes amis et moi prenons nos patins et nous allons sur la glace pour jouer au hockey.

Tous mes amis ont des crosses de hockey.

Je suis généralement le gardien de but et je dois empêcher le palet d'aller dans le filet.

Ma sœur et ses amis n'aiment pas vraiment jouer au hockey.

Elles préfèrent simplement patiner sur la glace.

J'ai pris des leçons de patinage, alors je ne tombe pas souvent.

Mon petit frère apprend tout juste à patiner, alors il tombe souvent.

Mon père doit déblayer la neige des chemins et de l'allée en hiver.

Je l'aide.

Shoveling snow is hard work.	Le pelletage de la neige est un travail difficile.
When my Dad and I finish shoveling the driveway, we go into the house and warm our hands and feet in front of the fireplace.	Lorsque mon père et moi avons fini de pelleter l'allée, nous entrons dans la maison et nous réchauffons nos mains et nos pieds devant la cheminée.
There is probably nothing more beautiful than fresh fallen snow on the trees.	Il n'y a probablement rien de plus beau que la neige fraîchement tombée sur les arbres.
In the morning, when the sun shines on the snow, it glistens.	Le matin, lorsque le soleil brille sur la neige, elle scintille.
I like to leave my footprints in the snow.	J'aime laisser mes empreintes dans la neige.
Winter can be very beautiful and exciting.	L'hiver peut être très beau et très excitant.

2.8 Spring – printemps

It rains a lot in the spring.
The trees are full of buds, and the flowers are starting to bloom.
My favorite spring flowers are tulips and daffodils.

The birds come back from the south.
I can always tell that spring is here when I see my first robin of the season.

The robins pull worms from the wet ground.
When it isn't raining, my friends and I go outside and toss a ball around.
We look forward to the summer, but we are glad to get outside after the long winter.

The air smells so fresh in the spring.
My mother always tells me not to track mud into the house.
It's very muddy in our yard in the springtime.

Il pleut beaucoup au printemps.
Les arbres sont pleins de bourgeons et les fleurs commencent à éclore.
Mes fleurs de printemps préférées sont les tulipes et les jonquilles.

Les oiseaux reviennent du sud.

Je peux toujours dire que le printemps est là quand je vois mon premier rouge-gorge de la saison.

Les merles tirent des vers du sol humide.
Quand il ne pleut pas, mes amis et moi sortons et jouons au ballon.
Nous attendons l'été avec impatience, mais nous sommes heureux de sortir après ce long hiver.

L'air est si frais au printemps.
Ma mère me dit toujours de ne pas laisser de traces de boue dans la maison.
C'est très boueux dans notre cour au printemps.

I wipe my muddy feet before I go into the house.	J'essuie mes pieds boueux avant d'entrer dans la maison.
There are a lot of puddles in my yard.	Il y a beaucoup de flaques d'eau dans ma cour.
I sometimes splash in the puddles, and I get wet and cold, so I have to go into the house.	Parfois, j'éclabousse dans les flaques, et je suis mouillé et j'ai froid, alors je dois rentrer dans la maison.
I like it when the snow has melted, the rain has stopped, and the sun comes out.	J'aime bien quand la neige a fondu, que la pluie s'est arrêtée et que le soleil est là.
On sunny days I always get together with my friends.	Les jours de soleil, je me retrouve toujours avec mes amis.
On those days we either ride our bikes or play ball.	Ces jours-là, nous faisons du vélo ou nous jouons au ballon.
My parents like to go for walks on spring evenings.	Mes parents aiment se promener les soirs de printemps.
They also like to clean up the yard in the spring.	Ils aiment aussi nettoyer le jardin au printemps.
Everyone seems to be outside.	Tout le monde semble être dehors.
The springtime brings people out of their houses.	Le printemps fait sortir les gens de chez eux.

Chapter 3: PEOPLE- *Les gens*

Vocabulary Overview : Resumé de vocabulaire

People	Personne
Short	Short
Tall	Grand
Big	Large
Small	Petit
Shape	Forme
Size	Taille
Thin	Slim
Fat	Gras/Graisse
Hair	Cheveux
Alike	Equal
Leg(S)	Jambe (S)
Walk	Marcher (V)
Fast	Rapidement
Foot	Pied
Hand(S)	Main (S)
To Look After	Soins
To Smile At	Sourire
Face	Visage
Brave	Courageux
Manner (S)	Comportement
Polite	Courtoisie

3.1 Different - Différent

Are you tall or short?	Êtes-vous grand ou petit?
Are you big or small?	Êtes-vous grand ou petit?
People come in many different shapes and sizes.	Les gens ont des formes et des tailles très différentes.
Some people wear size small clothes.	Certaines personnes portent des vêtements de petite taille.
Other people wear size medium clothes.	D'autres portent des vêtements de taille moyenne.
There are people who wear large size clothes.	Il y a des gens qui portent des vêtements de grande taille.
Some people even wear extra-large clothes.	Certaines personnes portent même des vêtements extra-larges.
Some people are thin.	Certaines personnes sont minces.
Some people are fat.	Certaines personnes sont grosses.
Some people are in between.	Certaines personnes se situent entre les deux.
There are people with short hair.	Certaines personnes ont les cheveux courts.
Other people have long hair.	D'autres ont les cheveux longs.
Some people have no hair at all.	Certaines personnes n'ont pas de cheveux du tout.
No two people are exactly alike.	Il n'y a pas deux personnes exactement semblables.
Some people have long legs.	Certaines personnes ont de longues jambes.
I have short legs.	J'ai des jambes courtes.

I don't walk as fast as a person with long legs.	Je ne marche pas aussi vite qu'une personne qui a de longues jambes.
I am not a tall person.	Je ne suis pas une grande personne.
In fact, I am quite short.	En fait, je suis plutôt petite.
My feet are a size seven.	Mes pieds font une taille sept.
My mother has size five feet.	Ma mère a des pieds de taille cinq.
My father has size twelve feet.	Mon père a des pieds de taille 12.
We are all different sizes.	Nous sommes tous de tailles différentes.
It is not a bad thing.	Ce n'est pas une mauvaise chose.
It is a good thing that we are all unique.	C'est une bonne chose que nous soyons tous uniques.

3.2 Amy

Amy was a girl who came into our classroom.
She had many things wrong with her.
Amy was in a wheelchair, and she couldn't talk.
She couldn't make her hands and feet do what she wanted them to do.
We wondered why Amy would even be in our class, because she really couldn't do much of anything.
Amy had a teaching assistant who had to stay with her all the time.
One day the teaching assistant got called away.
I had to look after Amy.
I was afraid to look after her.
I really didn't know what to do.

I sat beside Amy, and I smiled at her.
She smiled back at me.
I never realized before that she had such a nice smile.
Amy made a noise.

Amy est une fille qui est venue dans notre classe.
Elle avait de nombreux problèmes.
Amy était dans un fauteuil roulant et ne pouvait pas parler.
Elle ne pouvait pas faire faire à ses mains et à ses pieds ce qu'elle voulait.
Nous nous demandions pourquoi Amy était dans notre classe, car elle ne pouvait pas faire grand-chose.
Amy avait un assistant d'enseignement qui devait rester avec elle tout le temps.
Un jour, l'assistant a été appelé ailleurs.
Je devais m'occuper d'Amy.
J'avais peur de m'occuper d'elle.
Je ne savais vraiment pas quoi faire.

Je me suis assise à côté d'Amy, et je lui ai souri.
Elle m'a souri en retour.
Je n'avais jamais réalisé avant qu'elle avait un si beau sourire.
Amy a fait un bruit

It seemed like she wanted a crayon that was lying beside her.

I put the crayon into her hand.

She had trouble holding it, but eventually she got the crayon into her hand well enough so that she could make marks on the paper that was on the tray in front of her.

Amy spent a long time making marks on the paper.
She tried so hard to create whatever it was that she was drawing.
She worked for a long time.

I just watched her, and I gave her a lot of credit for not giving up when she obviously had so many problems.

When she was finally done, she picked up the paper with great difficulty.
With a look of pride on her face, she handed me the picture.
It was for me.

On aurait dit qu'elle voulait un crayon de couleur qui se trouvait à côté d'elle.
Je lui ai mis le crayon dans la main.
Elle a eu du mal à le tenir, mais elle a fini par le faire entrer suffisamment dans sa main pour pouvoir faire des marques sur le papier qui se trouvait sur le plateau devant elle.

Amy a passé un long moment à faire des marques sur le papier.
Elle s'efforce de créer ce qu'elle dessine.

Elle a travaillé pendant un long moment.
Je l'ai simplement observée, et je lui ai donné beaucoup de crédit pour ne pas avoir abandonné alors qu'elle avait manifestement tant de problèmes.
Quand elle a enfin terminé, elle a ramassé le papier avec beaucoup de difficulté.
Avec un air de fierté sur le visage, elle m'a tendu la photo.

Elle était pour moi.

I was very touched that she spent all that time drawing something for me.
I thanked Amy and smiled at her. I told her I loved the picture.

I still have that picture, although I'm not sure what it is a picture of.
I learned a lot from Amy that day.
I saw a brave girl who wouldn't give up.
Whenever I think my problems are too big to handle, I think of Amy and I remember her smile.

J'étais très touché qu'elle ait passé tout ce temps à dessiner quelque chose pour moi.
J'ai remercié Amy et lui ai souri. Je lui ai dit que j'aimais ce dessin.

J'ai toujours ce dessin, même si je ne suis pas sûre de savoir de quoi il s'agit.
J'ai beaucoup appris d'Amy ce jour-là.
J'ai vu une fille courageuse qui n'abandonnait pas.
Lorsque je pense que mes problèmes sont trop importants pour être gérés, je pense à Amy et je me souviens de son sourire.

3.3 Manners - *Les bonnes manières*

It is good to be polite.
People like you more when you are polite.

Always say **please** and **thank you.**
If you ask for some milk, you should say, **"Please, may I have a glass of milk?"**

When someone gives you the milk, you should respond with **"Thank you."**
It is not difficult to be polite.
You should not push or shove people.
You should cover your mouth when you cough or sneeze.

You should address people properly.
If you are trying to get someone's attention, you would say, **"excuse me."**
You wouldn't say, **"hey you."**
There are table manners.
That is where you eat properly and politely at the dinner table.

C'est bien d'être poli.
Les gens vous apprécient davantage lorsque vous êtes poli.

Dis toujours **"s'il te plaît"** et **"merci".**
Si vous demandez du lait, vous devez dire: **"S'il vous plaît, puis-je avoir un verre de lait?".**

Lorsque quelqu'un vous donne le lait, vous devez répondre par **"Merci".**
Il n'est pas difficile d'être poli.
Tu ne dois pas pousser ou bousculer les gens.
Vous devez couvrir votre bouche lorsque vous toussez ou éternuez.

Vous devez vous adresser aux gens correctement.
Si vous essayez d'attirer l'attention de quelqu'un, vous devez dire **"excusez-moi".**
On ne dit pas **"salut toi".**
Il y a les manières de table.
C'est lorsque vous mangez correctement et poliment à la table du dîner.

You don't shove food into your mouth.	Vous n'enfourner pas la nourriture dans votre bouche.
You don't reach over other people's plates.	On ne passe pas la main au-dessus de l'assiette des autres.
You don't talk with your mouth full.	On ne parle pas la bouche pleine.
All of these things are common sense.	Toutes ces choses relèvent du bon sens.
Being polite is mostly thinking about how you would like to be treated.	Être poli, c'est surtout penser à la façon dont vous aimeriez être traité.
You wouldn't want people to be impolite to you.	Vous ne voudriez pas que les gens soient impolis avec vous.
It is not polite to point at people.	Il n'est pas poli de montrer les gens du doigt.
It is not polite to burp out loud.	Il n'est pas poli de roter à haute voix.
It is not polite to use someone else's things without asking first.	Il n'est pas poli d'utiliser les affaires de quelqu'un d'autre sans lui demander d'abord.
Being polite just comes naturally if you have been brought up in a home where everyone was polite.	La politesse vient naturellement si vous avez été élevé dans un foyer où tout le monde était poli.

3.4 **The Two Sexes** - *Les deux sexes*

There are two sexes or genders. There is the male gender, and there is the female gender. Males and females are different, both physically and mentally.

Humans are both male and female, and animals are both male and female. If you have a dog, it is either a girl dog or a boy dog.

Boys grow up to be men.

Men grow hair on their faces.

Men are usually more muscular than women. Men dress differently than women. Men are males. Males are masculine. Girls grow up to be women.

Only women can have babies.

Women are females. Females are feminine. Another word for women is ladies.

Il existe deux sexes ou genres. Il y a le sexe masculin et le sexe féminin. Les hommes et les femmes sont différents, tant physiquement que mentalement.

Les êtres humains sont à la fois mâles et femelles, et les animaux sont à la fois mâles et femelles. Si vous avez un chien, il s'agit soit d'une femelle, soit d'un mâle.

Les garçons grandissent et deviennent des hommes.

Les hommes ont des cheveux sur le visage.

Les hommes sont généralement plus musclés que les femmes. Les hommes s'habillent différemment des femmes. Les hommes sont des mâles. Les hommes sont masculins. Les filles grandissent pour devenir des femmes.

Seules les femmes peuvent avoir des bébés.

Les femmes sont des filles. Les femmes sont féminines. On peut aussi dire que les femmes sont des dames.

It is good that we have males and females.	C'est bien que nous ayons des hommes et des femmes.
Your father is a male.	Ton père est un homme.
Your grandfather, brother and uncle are males.	Ton grand-père, ton frère et ton oncle sont des hommes.
Your mother is a female.	Ta mère est une femme.
Your grandmother, sister and aunt are females.	Ta grand-mère, ta sœur et ta tante sont des femmes.

3.5 **Me** - *Moi*

I am special.	Je suis spécial.
Nobody in the world is exactly like I am.	Personne au monde n'est exactement comme moi.
They might have the same color hair and eyes that I do, But they are not exactly like me.	Ils peuvent avoir la même couleur de cheveux et d'yeux que moi, mais ils ne sont pas exactement comme moi.
I am the only person in the world who thinks my thoughts.	Je suis la seule personne au monde qui pense mes pensées.
No two people in the world are exactly alike.	Il n'y a pas deux personnes au monde qui soient exactement pareilles.
It is good to be your own person.	C'est bien d'être soi-même.
It is good to be creative and be natural.	C'est bien d'être créatif et naturel.
People have to follow the laws and the rules.	Les gens doivent suivre les lois et les règles.
People should always be kind to others.	Les gens doivent toujours être gentils avec les autres.
I try to follow all the rules.	J'essaie de suivre toutes les règles.

I am kind to others.
I am a lot like many other people, yet I am different.
I am like my friend Jane, but she has red hair and I have dark hair.

She has a loud voice, and I have a soft voice.
She likes to eat vegetables, and I do not.
Jane and I are the same height.
We both like movies and we are both afraid of spiders.

We wear the same size shoes, and we both have the same favorite colour.
We are best friends, but sometimes we disagree about things.

We are alike in many ways, and different in many ways.

If we were all exactly the same, the world would be a very boring place.
I am myself, and I am glad that I am special.

Je suis gentil avec les autres.
Je ressemble beaucoup à beaucoup d'autres personnes, mais je suis différente.
Je suis comme mon amie Jane, mais elle a les cheveux roux et moi les cheveux bruns.

Elle a une voix forte, et moi une voix douce.
Elle aime manger des légumes, et moi pas.
Jane et moi avons la même taille.
Nous aimons toutes les deux les films et nous avons toutes les deux peur des araignées.

Nous portons la même taille de chaussures et nous avons la même couleur préférée.
Nous sommes les meilleures amies du monde, mais il nous arrive d'être en désaccord sur certaines choses.

Nous sommes semblables à bien des égards, et différents à bien des égards.

Si nous étions tous exactement les mêmes, le monde serait très ennuyeux.
Je suis moi-même, et je suis heureux d'être spécial.

You are special too.
Use your own special talents, and take the time to meet other people.
The world is made up of a lot of different people; that's what makes life exciting.

Vous aussi, vous êtes spécial.
Utilisez vos talents particuliers et prenez le temps de rencontrer d'autres personnes.
Le monde est composé d'une multitude de personnes différentes; c'est ce qui rend la vie passionnante.

3.6 **Making friends** – Se faire des amis

I used to be very shy.
I would not go up to someone that I did not know and say hello.
I was afraid that people would not want to talk to me.
I have changed.
I have become less shy.
I have learned that making friends is easy to do.
All you have to do is say hello.
Most people will respond to a smile and a friendly hello.

People will begin to talk to you about little things in their lives.

You will soon realize that you have something in common with that person.

J'étais très timide avant.
Je ne voulais pas aller vers quelqu'un que je ne connaissais pas pour lui dire bonjour.
J'avais peur que les gens ne veuillent pas me parler.
J'ai changé.
Je suis devenu moins timide.
J'ai appris qu'il est facile de se faire des amis.
 Il suffit de dire bonjour.
La plupart des gens répondront à un sourire et à un bonjour amical.

Les gens commenceront à vous parler des petites choses de leur vie.

Vous vous rendrez vite compte que vous avez quelque chose en commun avec cette personne.

Whenever I start talking to a new person I find that there is some interest that we share.

Maybe we know some of the same people, or we went to the same school.
Often we find that we like the same music or the same movies.

It is easy to have a conversation with someone once you find a topic that you both can relate to.

The most important part to making friends is to listen to what the other person says.
If you take an interest in them, they are sure to take an interest in you.
I have learned many things from meeting people.
I have had many fascinating conversations, and I have made a lot of good friends.

One day a girl came up to me and said that she was lost.

She couldn't find her way to her English class.
I said that I was going to that class too.

Chaque fois que je commence à parler à une nouvelle personne, je m'aperçois que nous avons un intérêt commun.
Peut-être connaissons-nous les mêmes personnes, ou sommes-nous allés à la même école.
Souvent, nous découvrons que nous aimons la même musique ou les mêmes films.
Il est facile d'avoir une conversation avec quelqu'un une fois que l'on a trouvé un sujet qui nous intéresse tous les deux.
Le plus important pour se faire des amis est d'écouter ce que dit l'autre personne.
Si vous vous intéressez à lui, il est certain qu'il s'intéressera à vous.
J'ai appris beaucoup de choses en rencontrant des gens.
J'ai eu de nombreuses conversations fascinantes et je me suis fait beaucoup de bons amis.
Un jour, une fille est venue me voir et m'a dit qu'elle était perdue.
Elle n'arrivait pas à trouver le chemin de son cours d'anglais.
J'ai dit que j'allais aussi à ce cours.

I told her to come with me.	Je lui ai dit de venir avec moi.
We began talking, and we became very good friends.	Nous avons commencé à parler, et nous sommes devenues de très bonnes amies.
That was a few years ago.	C'était il y a quelques années.
She is still one of my best friends.	Elle est toujours l'une de mes meilleures amies.
Just think, if she hadn't been lost we might never have become friends.	Pensez-y, si elle n'avait pas été perdue, nous ne serions peut-être jamais devenues amies.

Chapter 4 : FAMILY *Famille*
Vocabulary Overview /Resumé de vocabulaire

My Family	Ma famille
Son	Fils
Daughter	Fille
Aunt	Tante
Cousin	Cousin
Uncle	Oncle
Married	Marié à
Father	Père
Older Than	Plus vieux que
Mother	Mère
Younger Than	Plus jeune que
Twin	jumeaux
Look Alike	Sosies
Child	Enfant
Children	Enfants
Relatives	Parents
Close-Knit Family	Famille proche
Girl	Fille
Crib	Berceau
Wrapped	Enveloppé
Tiny	Tiny
To Hear	Écouter
To Cry	Pleurer
To Be Hungry	Avoir Faim
Bottle	Bouteille

Often	Souvent
Toys	Jouets
Young	Jeune
Crawl	ramper
To Ring	Sonner
Church	église
Aisle	Couloir
Her	Son/ Sa/ Leur
His	Lui/elle
Bride	Bride
Veil	Voile
To Veil	Voile/ Couverture
Groom	Marié
Lapel	Revers
Throw	Lancer
Honeymoon	Lune de miel
Man	Homme
Most	Le plus
Quantity	Montant / Quantité
To Work	Travail
To Deal With	Traiter avec
Mind	Esprit
To Be Hungry	Avoir Faim
Bottle	Bouteille
To Discuss	Discuter de
To Yell	Crier
To Spill	déverser

To Be Mad	Être en colère
To Laugh	Rire
To Cook	Cuisiner (v)
Cook	Cuisinier/ ère
Meal	Repas
Pet	Animal de ompagnie
To Do the Dishes	Faire la vaisselle
Won't = Will Not	Futur (negation)
Home	Maison
To Be Ill	Être malade
Clothes	Vêtements
To Iron	Repasser au fer
To Wash	Lavage
To Get Married	Se marier
To Wake Up	Réveil
To Make Up	Maquillage
Gather	Rassembler
Old	Vieux
To Borrow	Emprunter
To Get Old	Vieillissement
Cane	Canne
Skin	Peau
Wrinkle	Rides
To Grow	Cultiver / grandir
To Cheer Up	Courage!
Bones = Os	Os
To Feed- Fed	Nourrir-Nourri
Patter	Tapoter

4.1 My Family - *Ma famille*

My grandparents are coming to visit us from Calgary, Alberta.

My father is very happy because they are his arents, and he is glad that he will see them.

We don't see them very often because Calgary is a long way from Toronto.

My grandparents have two sons: my father and my Uncle Bill.

Uncle Bill is married to my Aunt Susan.

They have a daughter who is my cousin.

My cousin is a lot older than I, so we do not have a lot in common.

They also have a son who is the same age as me.

He is my favorite cousin because we both like the same television shows and the same games.

I have two brothers and one sister.

Mes grands-parents viennent nous rendre visite de Calgary, en Alberta.

Mon père est très heureux car ce sont ses parents, et il est content de les voir.

Nous ne les voyons pas très souvent parce que Calgary est loin de Toronto.

Mes grands-parents ont deux fils: mon père et mon oncle Bill.

L'oncle Bill est marié à ma tante Susan.

Ils ont une fille qui est ma cousine.

Ma cousine est beaucoup plus âgée que moi, alors nous n'avons pas beaucoup de choses en commun.

Ils ont aussi un fils qui a le même âge que moi.

C'est mon cousin préféré parce que nous aimons tous les deux les mêmes émissions de télévision et les mêmes jeux.

J'ai deux frères et une sœur.

My brothers are both younger than I.

They are twins, so they have the same birthday.

My sister is one year older than I.

People say that my sister and I look alike.

We both have blonde hair and blue eyes.

My mother's parents live near us.

They are the grandmother and grandfather who visit us often.

My mother does not have any brothers or sisters.

She is an only child.

I like it when all my family is together.

I don't have a lot of cousins like some people do, but I have fun with my relatives.

My uncle will often take my cousin and me to the movies.

I like to take my grandparents for walks so that they can see my school, and they can meet my friends.

Mes frères sont tous les deux plus jeunes que moi.

Ils sont jumeaux, donc ils ont le même anniversaire.

Ma sœur a un an de plus que moi.

Les gens disent que ma sœur et moi nous ressemblons.

Nous avons toutes les deux des cheveux blonds et des yeux bleus.

Les parents de ma mère vivent près de chez nous.

Ce sont la grand-mère et le grand-père qui nous rendent souvent visite.

Ma mère n'a pas de frères et sœurs.

Elle est fille unique.

J'aime bien quand toute ma famille est réunie.

Je n'ai pas beaucoup de cousins comme certaines personnes, mais je m'amuse avec mes proches.

Mon oncle nous emmène souvent au cinéma, mon cousin et moi.

J'aime emmener mes grands-parents en promenade pour qu'ils puissent voir mon école et rencontrer mes amis.

My parents talk to my brothers, my sister and I a lot.	Mes parents parlent beaucoup à mes frères, ma sœur et moi.
We are a very close-knit family.	Nous sommes une famille très unie.
People who have close families are very lucky.	Les gens qui ont une famille unie ont beaucoup de chance.

4.2 A baby - *Un Bébé*

My aunt just had a baby girl.	Ma tante vient d'avoir une petite fille.
We went to the hospital to visit my aunt and to see the new baby.	Nous sommes allés à l'hôpital pour rendre visite à ma tante et voir le nouveau bébé.
My aunt was feeling fine, although she was just a bit tired.	Ma tante se sentait bien, même si elle était un peu fatiguée.
She walked with us to a big window that had lots of babies behind it.	Elle a marché avec nous jusqu'à une grande fenêtre derrière laquelle il y avait beaucoup de bébés.
She pointed to a crib with a baby in it.	Elle nous a montré du doigt un berceau avec un bébé dedans.
The baby was wrapped in a pink blanket.	Le bébé était enveloppé dans une couverture rose.
We all said how pretty the baby looked.	Nous avons tous dit que le bébé était très joli.
I couldn't believe how tiny the baby was.	Je n'arrivais pas à croire que le bébé était si petit.
She was asleep, so we couldn't see her eyes.	Elle était endormie, alors on ne pouvait pas voir ses yeux.
When the baby went home, we went to visit her.	Quand le bébé est rentré chez lui, nous sommes allés lui rendre visite.

We heard the baby.
She was crying.
My aunt said that the baby was hungry.
My aunt had a baby bottle full of warm milk.
She fed the baby with it.
The baby was happy after that.
My aunt patted the baby on the back until the baby burped, and then the baby fell asleep.

I held the baby.
I looked at her tiny fingers and tiny toes.
I was very careful with her.
She opened her eyes and looked at me.
I spoke to the baby, but I knew that she could not understand me.
Babies have to learn to walk and talk.

My aunt changed the baby.
Babies wear diapers, so they need to be changed often.
The baby has a lot of toys, but she is still too young to play with them.
My aunt says that it won't be long before the baby is crawling and trying to talk.

Nous avons entendu le bébé.
Elle pleurait.
Ma tante a dit que le bébé avait faim.
Ma tante avait un biberon plein de lait chaud.
Elle a nourri le bébé avec.
Le bébé était heureux après cela.
Ma tante a tapoté le dos du bébé jusqu'à ce qu'il fasse son rot, puis le bébé s'est endormi.

J'ai tenu le bébé.
J'ai regardé ses petits doigts et ses petits orteils.
J'étais très prudente avec elle.
Elle a ouvert les yeux et m'a regardée.
J'ai parlé au bébé, mais je savais qu'il ne pouvait pas me comprendre.
Les bébés doivent apprendre à marcher et à parler.

Ma tante a changé le bébé.
Les bébés portent des couches, il faut donc les changer souvent.
Le bébé a beaucoup de jouets, mais il est encore trop jeune pour jouer avec.
Ma tante dit qu'il ne faudra pas longtemps avant que le bébé ne marche à quatre pattes et n'essaie de parler.

Babies are cute.
I have seen pictures of myself when I was a baby, and it's hard to believe that I was once that small

Les bébés sont mignons.
J'ai vu des photos de moi quand j'étais bébé et j'ai du mal à croire que j'étais aussi petite.

4.3 A wedding - Un mariage

The church bells are ringing.
I am inside the church waiting for my cousin to walk down the aisle.
Today is her wedding day.

Les cloches de l'église sonnent.
Je suis dans l'église et j'attends que ma cousine descende l'allée.
Aujourd'hui, c'est le jour de son mariage.

She is a bride.
The organist is playing a song on the organ.
We all stand up and watch my cousin walk down the aisle.

 Elle est une jeune mariée.
L'organiste joue une chanson sur l'orgue.
Nous nous levons tous et regardons ma cousine descendre l'allée.

She is arm in arm with her father.
She is dressed in a long white dress and a veil.
She looks so beautiful.
She looks like a princess.
The man who she is going to marry is standing at the front of the church.
He is the groom.
He looks nice too.

Elle est bras dessus bras dessous avec son père.
Elle est vêtue d'une longue robe blanche et d'un voile.
Elle est si belle.
Elle ressemble à une princesse.
L'homme qu'elle va épouser est debout à l'avant de l'église.

C'est le jeune marié.
Il est beau aussi.

He is wearing a suit, and he has a flower in his lapel.

Il porte un costume, et il a une fleur sur son revers.

The minister says words to the couple which will make them man and wife.

Le pasteur dit au couple les mots qui feront d'eux un homme et une femme.

The bride and groom smile at each other, but they seem to be a little bit nervous.

Les mariés se sourient, mais ils semblent un peu nerveux.

The give each other gold rings to wear to symbolize that they are married.

Ils se donnent des bagues en or à porter pour symboliser leur mariage.

They kiss each other and walk out of the church as the organist plays joyous music.

Ils s'embrassent et sortent de l'église tandis que l'organiste joue une musique joyeuse.

Some of the people in the church cried at the wedding, but not because they were sad.

Certaines personnes dans l'église ont pleuré au mariage, mais pas parce qu'elles étaient tristes.

Everyone in the church is very happy for the couple.

Tout le monde dans l'église est très heureux pour le couple.

A photographer takes pictures of the happy couple.

Un photographe prend des photos de l'heureux couple.

We wish them well and look forward to the reception where we will have a dinner, and we will dance and have a good time until it is very late.

Nous leur souhaitons bonne chance et attendons avec impatience la réception où nous dînerons, danserons et nous amuserons jusqu'à très tard.

The bride will throw her bouquet of flowers, and it is said that whoever catches the bouquet will be the next bride.

La mariée lancera son bouquet de fleurs, et on dit que celui qui attrapera le bouquet sera la prochaine mariée.

The next day, the bride and groom will leave for their honeymoon.

Le lendemain, les mariés partiront en lune de miel.

My cousin and her husband are going to Mexico for their honeymoon.

Ma cousine et son mari vont au Mexique pour leur lune de miel.

4.4 My Dad - *Mon père*

My dad is the man whom I respect the most in my life.

Mon père est l'homme que je respecte le plus dans ma vie.

He works very hard to make the money that supports us.

Il travaille très dur pour gagner l'argent qui nous fait vivre.

My mother has a job too, and she also works very hard.

Ma mère a aussi un emploi et elle travaille aussi très dur.

My dad is the principal of a high school.

Mon père est le directeur d'une école secondaire.

He works at the school all day, and often has to go to meetings at night.

Il travaille à l'école toute la journée et doit souvent se rendre à des réunions le soir.

He deals with parents, students and staff.

Il traite avec les parents, les élèves et le personnel.

There is always something that he has to deal with.

Il y a toujours quelque chose dont il doit s'occuper.

He has a lot on his mind.

Il a beaucoup de choses en tête.

It doesn't matter how much work my dad has to do; he always has time for my brothers, my sister and me.

Peu importe la quantité de travail que mon père doit faire, il a toujours du temps pour mes frères, ma sœur et moi.

If I go to him with a problem, he will sit down and discuss it with me.

Si je lui confie un problème, il s'assoit et en discute avec moi.

He doesn't yell.

He is always very logical, and he tries to think of the best way to deal with things.
My dad is a very patient man.

Once, I spilled some ink on some papers that he was working on.

I thought that he would be mad, but he didn't get angry.
He said that it was okay.

He takes time out to do things with us.
He has taken my brothers fishing.
He takes me to the arena to skate, and he helps my sister to write her essays and assignments.
He always makes us laugh, and he makes us feel like we are very special to him.
He is a very good father, and on Father's Day I always buy him a card that tells him just how much he means to me.

I think it is important to have good parents.

Il ne crie pas.

Il est toujours très logique et il essaie de trouver la meilleure façon de régler les choses.
Mon père est un homme très patient.

Une fois, j'ai renversé de l'encre sur des papiers sur lesquels il travaillait.

Je pensais qu'il serait furieux, mais il ne s'est pas mis en colère.
Il m'a dit que ce n'était pas grave.

Il prend le temps de faire des choses avec nous.
Il a emmené mes frères à la pêche.
Il m'emmène à la patinoire pour patiner, et il aide ma sœur à écrire ses essais et ses devoirs.

Il nous fait toujours rire et il nous fait sentir que nous sommes très spéciaux pour lui.
C'est un très bon père, et le jour de la fête des Pères, je lui achète toujours une carte qui lui dit à quel point il compte pour moi.

Je pense qu'il est important d'avoir de bons parents.

I hope that when I have children I will be a good parent like my parents are to me.

Parents give children the foundation that they need to live good lives.

J'espère que lorsque j'aurai des enfants, je serai un bon parent comme le sont mes parents pour moi.

Les parents donnent aux enfants les bases dont ils ont besoin pour vivre une bonne vie.

4.5 My Mother – *Ma mère*

My mother does so many things.

Ma mère fait tellement de choses.

She has a job at a dress store; she cooks our meals; she cleans the house; she feeds the pets, and she still finds time to spend with us.

Elle a un emploi dans un magasin de vêtements; elle cuisine nos repas; elle nettoie la maison; elle nourrit les animaux de compagnie, et elle trouve encore du temps à passer avec nous.

My mother is always busy, but she says that her favorite time is time that she spends with us.

Ma mère est toujours occupée, mais elle dit que son moment préféré est le temps qu'elle passe avec nous.

My mother works from Monday to Friday.
When she comes home from work, she makes something for supper.
We usually do the dishes, so that she won't have to do them.

Ma mère travaille du lundi au vendredi.
Quand elle rentre du travail, elle prépare quelque chose pour le souper.
Nous faisons habituellement la vaisselle, pour qu'elle n'ait pas à le faire.

After supper she helps us with our homework, or she sits down to watch television.
Some nights she goes shopping, and she takes whoever wants to go with her.
Mothers are a little bit of everything.
My mother is like a teacher when she helps us with our homework.
She is like a nurse when she looks after us when we're ill.

She is like a cook when she makes meals for us.

She says that cleaning the house is her least favorite thing.
She says that the house gets dirty again right after you clean it.
She gets my father, my brothers, sister and me to help her with the cleaning.
My mother washes all our clothes, and sometimes she irons them if they need it.
My mother says that there are not enough hours in a day.

Après le souper, elle nous aide à faire nos devoirs ou elle s'assoit pour regarder la télévision.
Certains soirs, elle fait du shopping et emmène qui veut l'accompagner.
Les mères sont un peu de tout.

Ma mère est comme une enseignante quand elle nous aide à faire nos devoirs.
Elle est comme une infirmière quand elle s'occupe de nous quand nous sommes malades.
Elle est comme une cuisinière quand elle nous prépare des repas.

Elle dit que nettoyer la maison est ce qu'elle aime le moins.
Elle dit que la maison redevient sale juste après que vous l'ayez nettoyée.
Elle demande à mon père, mes frères, ma sœur et moi de l'aider à faire le ménage.
Ma mère lave tous nos vêtements, et parfois elle les repasse s'ils en ont besoin.
Ma mère dit qu'il n'y a pas assez d'heures dans une journée.

We try to help my mother as much as we can.	Nous essayons d'aider ma mère autant que nous le pouvons.
There is a lot of work involved in keeping a home neat and organized.	Il y a beaucoup de travail à faire pour garder une maison propre et organisée.
Most of my friends' mothers work.	La plupart des mères de mes amis travaillent.
Mothers are the people who you go to when you need to be comforted.	Les mères sont les personnes vers qui vous allez quand vous avez besoin d'être réconfortées.
Mothers are the people who can make you feel better.	Les mères sont les personnes qui peuvent vous aider à vous sentir mieux.
I'm glad that I have the mother that I have.	Je suis content d'avoir la mère que j'ai.
My mother is caring and funny.	Ma mère est attentionnée et drôle.
She is fun to be around.	Elle est amusante à côtoyer.

4.6 Susan's Wedding Day
Le jour du mariage de Susan

Susan is getting married.
Her fiancé's name is Michael.
They are in love.
They are getting married today.
Susan wakes up early.
She is getting her hair done.
Susan is having her make up done too.
Susan looks beautiful.
She puts on her white wedding dress.
She puts on her veil.
Susan needs something blue.

Her garter is blue.
Susan needs something old.

Her grandmother's ring is old.

Susan needs something borrowed.
She is wearing her mother's jewelry.
Susan needs something new.

Her shoes and dress are new.

Susan needs a penny for her shoe.
It will bring her good luck.
Susan is ready to get married.

Suzanne va se marier. Le nom de son fiancé est Michael.
Ils sont amoureux.
Ils se marient aujourd'hui.
Susan se lève tôt.
Elle se fait coiffer.
Susan se fait aussi maquiller.

Suzanne est magnifique.
Elle met sa robe de mariée blanche.
 Elle met son voile.
Susan a besoin de quelque chose de bleu.
Sa jarretière est bleue.
Susan a besoin de quelque chose de vieux.
 La bague de sa grand-mère est vieille.
Susan a besoin de quelque chose d'emprunté.
Elle porte les bijoux de sa mère.

Susan a besoin de quelque chose de nouveau.
Ses chaussures et sa robe sont neuves.
Susan a besoin d'un sou pour sa chaussure.
Cela lui portera chance.
Susan est prête à se marier.

4.7 **Getting Old** - Vieillir

My grandfather is getting old.
When I was younger, my grandfather would carry me on his shoulders, and we would go for a walk.
Now, my grandfather cannot put me on his shoulders.

He has a hard time walking, and he uses a cane.
My grandfather used to have lots of hair.
Now he is bald.
His skin doesn't look like it used to.
It is more wrinkled.
My grandfather takes more naps than he used to.
He goes to the doctor's, and he takes pills for his heart.

I love my grandfather very much.

Mon grand-père vieillit.
Quand j'étais plus jeune, mon grand-père me portait sur ses épaules et nous allions nous promener.
Maintenant, mon grand-père ne peut pas me mettre sur ses épaules.

Il a du mal à marcher et il utilise une canne.
Mon grand-père avait beaucoup de cheveux.
Maintenant, il est chauve.
Sa peau ne ressemble plus à ce qu'elle était avant.
Il est plus froissé.
Mon grand-père fait plus de siestes qu'avant.
Il va chez le médecin, et il prend des pilules pour son cœur.

J'aime beaucoup mon grand-père.

I don't like the fact that he is getting older, but my mother says that growing older is just a fact of life.
She says that we will all get older.
Sometimes my grandfather forgets things.
My mother says to be patient.
I am patient.
I try to help my grandfather as much as I can.
I sometimes go for walks with him.
I help him to walk when he has trouble.
I cheer him up if I think he might be sad.

I get things for him, and I even read to him at night.
He used to read to me when I was little.
Now his eyesight is bad, and he can't see very well.

My grandfather tells me stories about when he was a boy.
The world was a very different place then he tells me.

Je n'aime pas le fait qu'il vieillisse, mais ma mère dit que vieillir n'est qu'une réalité.
Elle dit que nous vieillirons tous.
Parfois, mon grand-père oublie des choses.
Ma mère dit d'être patiente.
Je suis patient.
J'essaie d'aider mon grand-père autant que je peux.
Je vais parfois me promener avec lui.
Je l'aide à marcher quand il a du mal.
Je lui remonter le moral si je pense qu'il pourrait être triste.

Je lui procure des choses et je lui fais même la lecture le soir.
Il me lisait quand j'étais petit.

Maintenant, sa vue est mauvaise et il ne voit plus très bien.

Mon grand-père me raconte des histoires sur son enfance.

Le monde était un endroit très différent alors il me dit.

His stories are interesting.

Sometimes I wish we could trade places for a day so that I would know what it felt like to be old.

My grandfather doesn't complain.
 He jokes about his old bones.
I spend a lot of time with my grandfather.
I hope that he is around for a long time.

Ses histoires sont intéressantes.
Parfois, j'aimerais que nous puissions échanger nos places pour une journée afin que je sache ce que c'est que d'être vieux.
Mon grand-père ne se plaint pas.
 Il plaisante sur ses vieux os.
Je passe beaucoup de temps avec mon grand-père.
J'espère qu'il est là pour longtemps.

Chapter 5 : INTEREST & HOBBIES
: Intérêts et Passe temps
Vocabulary Overview - Resumé de vocabulaire

Interests	Intérêts
Hobbies	Hobbies
Favorite	Favoris
Hockey	le hockey
To Practice	Pratiquer
To Play	Jouer
Player	Joueur
To Watch	Regarder
Fans	les fans
To Be Rewarding	Etre gratifiant
To Spend	Dépenser
You Would Rather	Vous fereiez mieux de
Gym	gymnase
Walks	Promenade
Way	Chemin
Stamps	Timbres
Coins	Pièces de monnaie
Postcard	Carte postale
Posters	Poster
To Be Able To	Être capable de
To Travel	Voyager
Country	Pays
To Listen To	Ecouter
To Sing	Chanter
To Learn	Apprendre
Hand	Main

Band	Bande, groupe
Orchestra	Orchestre
To Read	Lire
Book	Livre
Fun	Amusant
Almost	Presque
To Rent	Louer
Store	Boutique
Car Chases	Poursuites en voiture
Bad	Mauvais
Guy	garçon
To Win	Gagner
Aliens	Aliens
To Be Silly	Faire des bêtises
Unbelievable	Incroyable
Thrillers	Romans à suspense
Scary	Effrayant
Cartoon	Dessins animés
Real	Réel
To Take A Trip Faraway	Partir en voyage loin
Plane	Avion
To Take A Flight	Prendre un vol
To Stay	Rester
Town	Ville
Village	Ville
Scooter	Scooter
Luggage	Bagages
Spare Time	Temps libre
Tiny	Tiny
Sailing	Navigation
A Hole	Un trou

Doll	Poupée
Cradle	Berceau
Painting	Peinture
Usually	Généralement
Museum	Musée

5.1   Mark's Big Game - Le grand match de Mark

Mark's favorite sport is hockey.	Le sport préféré de Mark est le hockey.
He is 15 years old.	Il est âgé de 15 ans.
Mark practices three times a week.	Marc s'entraîne trois fois par semaine.
Practices are two hours long.	Les entraînements durent deux heures.
Mark plays one game a week.	Marc joue un match par semaine.
Mark is a good hockey player.	Marc est un bon joueur de hockey.
He plays on Friday nights.	Il joue le vendredi soir.
Friday night hockey games are popular.	Les matchs de hockey du vendredi soir sont populaires.
Mark's family watches him play.	La famille de Marc le regarde jouer.
Mark's friends watch him play too.	Les amis de Marc le regardent aussi.
There are always many fans.	Il y a toujours beaucoup de fans.
Tonight is the big game.	Ce soir, c'est le grand match.
Coaches are coming to watch Mark play.	Des entraîneurs viennent voir Marc jouer.
Mark wants to play in the National Hockey League.	Mark veut jouer dans la Ligue nationale de hockey.

Mark wants to make a lot of money.	Il veut gagner beaucoup d'argent.
It is very hard to play in the NHL.	Il est très difficile de jouer dans la LNH.
Mark's parents want him to go to college.	Les parents de Mark veulent qu'il aille à l'université.
They want him to have an education.	Ils veulent qu'il ait une éducation.
They want Mark to be successful.	Ils veulent que Marc réussisse.
They want Mark to be happy.	Ils veulent que Mark soit heureux.

5.2 Interests and Hobbies Intérêt et passe-temps

It is very rewarding to have different interests and hobbies.

Some people like to play computer games.
Other people spend a lot of time watching television.
There are people who would rather watch movies.
Some people prefer more physical things.
They would rather play a sport like baseball, hockey or basketball.
Some people do exercises at a gym, or they just go for walks.

There are many ways to exercise.
You can ride a bicycle or lift weights.
There are people who like to collect things.
They can collect all kinds of different things.

Il est très gratifiant d'avoir des centres d'intérêt et des passe-temps différents.

Certaines personnes aiment jouer à des jeux sur ordinateur.
D'autres passent beaucoup de temps à regarder la télévision.
Il y a des gens qui préfèrent regarder des films.
Certaines personnes préfèrent les choses plus physiques.
Elles préfèrent pratiquer un sport comme le baseball, le hockey ou le basket.
Certaines personnes font de l'exercice dans un gymnase ou font simplement des promenades.

Il existe de nombreuses façons de faire de l'exercice.
Tu peux faire du vélo ou soulever des poids.
Il y a des gens qui aiment collectionner des objets.
Ils peuvent collectionner toutes sortes de choses différentes.

You can collect stamps, coins, dolls, postcards, movies, rocks or posters.	Tu peux collectionner des timbres, des pièces de monnaie, des poupées, des cartes postales, des films, des pierres ou des affiches.
Some people even collect bugs or leaves.	Certaines personnes collectionnent même des insectes ou des feuilles.
Some people are lucky enough to be able to travel.	Certaines personnes ont la chance de pouvoir voyager.
You can travel to a nearby place, or you can travel far away to a different country.	Tu peux te rendre dans un endroit proche ou dans un pays lointain.
There are people who like to listen to music.	Il y a des gens qui aiment écouter de la musique.
People have different tastes in music.	Les gens ont des goûts différents en matière de musique.
Some people like rock music, rap, classical music, or folk music.	Certaines personnes aiment le rock, le rap, la musique classique ou la musique folklorique.
There are many different types of music.	Il existe de nombreux types de musique différents.
Some people would rather play music than listen to it.	Certaines personnes préfèrent jouer de la musique plutôt que de l'écouter.
You can play an instrument, or you can sing.	Tu peux jouer d'un instrument ou chanter.
Many people learn to play the guitar or the piano.	Beaucoup de gens apprennent à jouer de la guitare ou du piano.
Some people join bands or orchestras.	Certaines personnes rejoignent des groupes ou des orchestres.

There are people who like to read books.	Il y a des gens qui aiment lire des livres.
There are a lot of different hobbies.	Il y a beaucoup de passe-temps différents.
It depends on what you consider to be fun.	Cela dépend de ce que vous considérez comme amusant.
You can have more than one hobby or interest.	Vous pouvez avoir plus d'un passe-temps ou d'un intérêt.
It is good to be interested in a lot of different things.	C'est bien de s'intéresser à beaucoup de choses différentes.

5.3 Movies - *Les films*

I go to the movies almost every week.	Je vais au cinéma presque toutes les semaines.
Sometimes, I rent movies from the video store.	Parfois, je loue des films au vidéoclub.
My favorite films are action films.	Mes films préférés sont les films d'action.
I like to watch car chases.	J'aime regarder les poursuites en voiture.
I like it when the bad guy has a shootout with the good guys.	J'aime quand le méchant a une fusillade avec les gentils.
I like the good guys to win.	J'aime que les gentils gagnent.
I also like science fiction movies.	J'aime aussi les films de science-fiction.
I like things that take place in the future.	J'aime les choses qui se passent dans le futur.
I like movies that have aliens from different planets in them.	J'aime les films dans lesquels il y a des extraterrestres de différentes planètes.
Some of the science fiction movies can be silly and unbelievable.	Certains films de science-fiction peuvent être stupides et invraisemblables.
I don't like those ones.	**Je n'aime pas ceux-là.**
My mother likes dramas.	Ma mère aime les drames.
She has a lot of favorite actors and actresses.	Elle a beaucoup d'acteurs et d'actrices préférés.
She sometimes watches sad movies that make her cry.	Elle regarde parfois des films tristes qui la font pleurer.
She also likes comedies.	Elle aime aussi les comédies.
She laughs out loud if a comedy is very funny.	Elle rit aux éclats si une comédie est très drôle.
My father likes horror movies.	Mon père aime les films d'horreur.

He likes movies with monsters in them.
He also likes thrillers.
I have watched some thrillers that keep you tense and on the edge of your seat.
Sometimes, I have to shut my eyes if the movie gets too scary.
My brother likes animated films.
In animated films, there are no actors, just cartoon characters.

My brother goes to the movies on Saturday afternoons with his friends.
He goes to the matinée.
He gets popcorn, candy and **pop**.

He usually comes back with a stomach ache because he eats so much.
Sometimes, my father watches documentaries.
Documentaries are about real things.
You can learn a lot from watching a documentary.

I watch documentaries with him sometimes, but I would rather see a good action film.

Il aime les films avec des monstres dedans.
Il aime aussi les thrillers.
J'ai vu des films à suspense qui vous tiennent en haleine.

Parfois, je dois fermer les yeux si le film devient trop effrayant.
Mon frère aime les films d'animation.
Dans les films d'animation, il n'y a pas d'acteurs, seulement des personnages de dessins animés.
Mon frère va au cinéma le samedi après-midi avec ses amis.
Il va à la séance du matin.
Il prend du pop-corn, des bonbons et des **boissons gazeuses.**
Il revient généralement avec des maux de ventre parce qu'il mange beaucoup.
Parfois, mon père regarde des documentaires.
Les documentaires parlent de choses réelles.
On peut apprendre beaucoup de choses en regardant un documentaire.
Je regarde parfois des documentaires avec lui, mais je préférerais voir un bon film d'action.

5.4 Travel - *Les Voyages*

It is fun to take a trip to a faraway place.

My brother just went to Italy and France.
He got on a plane at Toronto Airport.
He took a flight to France.
He stayed there for a couple of days.
He visited the Eiffel Tower.
He was in Paris.
He said that he enjoyed the food in France.
He then traveled to Italy.
He saw many towns and villages in Italy.
He went to Rome and visited many of the tourist attractions.

In Venice, he saw the canals.
He tried to speak Italian, but he is not too good at it.

He said that the people were very helpful.
They tried to understand him.

He bought souvenirs for us when he was in Italy.

C'est amusant de partir en voyage dans un endroit lointain.

Mon frère vient de partir en Italie et en France.
Il a pris l'avion à l'aéroport de Toronto.
Il a pris un vol pour la France.
Il y est resté quelques jours.
Il a visité la Tour Eiffel.
Il était à Paris.
Il a dit qu'il avait apprécié la nourriture en France.
Il s'est ensuite rendu en Italie.
Il a vu de nombreuses villes et villages en Italie.
Il est allé à Rome et a visité de nombreuses attractions touristiques.
À Venise, il a vu les canaux.
Il a essayé de parler italien, mais il n'est pas très doué pour cela.

Il a dit que les gens étaient très serviables.
Ils ont essayé de le comprendre.
Il a acheté des souvenirs pour nous quand il était en Italie.

He ate Italian food.	Il a mangé de la nourriture italienne.
He said that pizza in Italy is quite different from the pizza we eat here in Canada.	Il a dit que la pizza en Italie est très différente de celle que nous mangeons ici au Canada.
He saw many streets that were made of cobblestones.	Il a vu beaucoup de rues faites de pavés.
He saw many old buildings.	Il a vu beaucoup de vieux bâtiments.
A lot of people in Italy travel around on scooters.	Beaucoup de gens en Italie se déplacent en scooter.
He stayed at a very nice hotel in Italy.	Il a séjourné dans un très bel hôtel en Italie.
He was sorry when it was time to come home.	Il était désolé quand il était temps de rentrer à la maison.
My brother likes to travel.	Mon frère aime voyager.
He likes to fly in airplanes.	Il aime prendre l'avion.
The airlines lost his luggage once.	Une fois, la compagnie aérienne a perdu ses bagages.
He was not too pleased about that.	Il n'était pas très content de cela.
Next year, he would like to travel to England.	L'année prochaine, il aimerait aller en Angleterre.

5.5 Hobbies - Les loisisrs

A lot of people have hobbies.

Hobbies are interesting things that people like to do in their spare time.

My father has a hobby.
He has a model railroad set that he put together.
A tiny electric train runs through make-believe villages and travels through tunnels and over mountains.

My father also enjoys sailing.

He has a real sailboat that he takes us out on.
He is teaching me how to sail.
I like to collect things.
I collect comic books, stamps and coins.

I trade comic books with some of my friends, and sometimes I buy comic books at stores.

Some of the very old comic books are worth a lot of money.

Beaucoup de gens ont des passe-temps.
Les hobbies sont des choses intéressantes que les gens aiment faire pendant leur temps libre.

Mon père a un passe-temps.
Il a un modèle réduit de chemin de fer qu'il a assemblé.
Un petit train électrique traverse des villages imaginaires, passe dans des tunnels et franchit des montagnes.
Mon père aime aussi faire de la voile.
Il a un vrai voilier sur lequel il nous emmène.
Il m'apprend à faire de la voile.
J'aime collectionner des choses.
Je collectionne les bandes dessinées, les timbres et les pièces de monnaie.
J'échange des bandes dessinées avec certains de mes amis, et parfois j'achète des bandes dessinées dans des magasins.
Certaines très vieilles bandes dessinées valent beaucoup d'argent.

I have stamps from all over the world.	J'ai des timbres du monde entier.
Whenever any of my friends get a letter from a faraway place, they save the stamps for me.	Chaque fois qu'un de mes amis reçoit une lettre d'un pays lointain, il garde les timbres pour moi.
I have stamps from England, Japan, Australia and even Russia.	J'ai des timbres d'Angleterre, du Japon, d'Australie et même de Russie.
I use a magnifying glass to look at the stamps, and I keep them in a special album.	J'utilise une loupe pour regarder les timbres, et je les garde dans un album spécial.
I don't have too many coins yet, but I have a very old dime from Canada, and I have a coin with a hole in it from Africa.	Je n'ai pas encore beaucoup de pièces de monnaie, mais j'ai un très vieux dix cents du Canada et une pièce trouée d'Afrique.
My mother used to collect dolls when she was a little girl.	Ma mère avait l'habitude de collectionner des poupées quand elle était petite.
The dolls wore costumes from different countries.	Les poupées portaient des costumes de différents pays.
My friend John's hobby is painting.	Le passe-temps de mon ami John est la peinture.
He does oil painting.	**Il fait de la peinture à l'huile.**
He has even sold some of his paintings.	Il a même vendu certaines de ses peintures.
He is a good artist.	C'est un bon artiste.
My friend Linda sews.	Mon amie Linda fait de la couture.
She has made clothes for herself and some of her friends.	Elle fait des vêtements pour elle et pour certains de ses amis.

Maybe Linda will be a fashion designer when she gets older.

Sometimes people's hobbies lead them into their careers.

Peut-être que Linda sera une créatrice de mode quand elle sera plus âgée.
Parfois, les passe-temps des gens les mènent à leur carrière.

5.6 Television - La télévision

Do you watch television?

My mother says that I watch too much television.
I watch cartoons on Saturday mornings.
 Cartoons make me laugh.
My brother and I each have our favorite cartoons.
We have trouble deciding which cartoons we will watch.

On Saturday afternoons we like to watch sports.
My brother really likes to watch baseball, but usually my mother tells us to go out and play on a Saturday afternoon.

On week nights we have our own favorite shows.

Est-ce que vous regardez la télévision?
Ma mère dit que je regarde trop la télévision.
Je regarde des dessins animés le samedi matin.
Les dessins animés me font rire.
Mon frère et moi avons chacun nos dessins animés préférés.
Nous avons du mal à décider quels dessins animés nous allons regarder.

Le samedi après-midi, nous aimons regarder le sport.
Mon frère aime beaucoup regarder le baseball, mais en général, ma mère nous dit d'aller jouer dehors le samedi après-midi.

Les soirs de semaine, nous avons nos propres émissions préférées.

I like shows about outer space and monsters.

My brother likes comedies.

He likes to laugh.

My mother likes shows about real life situations.

She likes to watch the news.

She says that the news is important.

She watches the news and weather to find out what is going on in the world.

Sometimes she watches real life shows about doctors or policemen.

My father doesn't watch television.

He says that he would rather read a good book or the newspaper.

My dad gets all his news from the newspaper.

My favorite thing is to sit in front of the television with a bag of popcorn and a bottle of pop.

I sit there and change the channels with the remote control.

I change channels and watch a few different shows at once.

J'aime les émissions sur l'espace et les monstres.

Mon frère aime les comédies.

Il aime rire.

Ma mère aime les émissions sur des situations réelles.

Elle aime regarder les nouvelles.

Elle dit que les nouvelles sont importantes.

Elle regarde les nouvelles et la météo pour savoir ce qui se passe dans le monde.

Parfois, elle regarde des émissions sur la vie réelle, sur des médecins ou des policiers.

Mon père ne regarde pas la télévision.

Il dit qu'il préfère lire un bon livre ou le journal.

Mon père tire toutes ses informations du journal.

Ce que je préfère, c'est m'asseoir devant la télévision avec un sac de pop-corn et une bouteille de boisson gazeuse.

Je m'assois là et je change de chaîne avec la télécommande.

Je change de chaîne et je regarde plusieurs émissions différentes en même temps.

My mother won't let me watch too much television.	Ma mère ne me laisse pas regarder trop de télévision.
She doesn't want me to get lazy.	Elle ne veut pas que je devienne paresseux.
Television is good if you don't spend too much time watching it.	La télévision est une bonne chose si on ne passe pas trop de temps à la regarder.
You can learn a lot from television if you watch the educational channels.	On peut apprendre beaucoup de choses à la télévision si on regarde les chaînes éducatives.
I learned about dinosaurs and rainforests last week just from watching television.	La semaine dernière, j'ai appris des choses sur les dinosaures et les forêts tropicales juste en regardant la télévision.

5.7 The Museum - *Le musée*

The museum was very interesting.	Le musée était très intéressant.
There were so many things in the museum that I would need more time to really see everything.	Il y avait tellement de choses dans le musée que j'aurais besoin de plus de temps pour vraiment tout voir.
There were clothes from the past.	Il y avait des vêtements du passé.
I don't know how people wore some of those things.	Je ne sais pas comment les gens portaient certaines de ces choses.
They look like they would be uncomfortable.	Ils ont l'air d'être inconfortables.
I like to wear my jeans.	J'aime porter mes jeans.
There were things from wars.	Il y avait des choses de la guerre.
There were bullets, and cannons and even uniforms from the soldiers.	Il y avait des balles, des canons et même des uniformes de soldats.
I don't think that war is a good thing, but it is good to remember the past and honor the people who died for your country.	Je ne pense pas que la guerre soit une bonne chose, mais il est bon de se souvenir du passé et d'honorer les gens qui sont morts pour leur pays.
There was an old fire truck at the museum.	Il y avait un vieux camion de pompiers au musée.
This fire truck was pulled by a horse.	Ce camion de pompiers était tiré par un cheval.

There were some very old photographs of the firemen putting out fires.

There were rooms in the museum that were set up like an old house.

There were antique irons and sewing machines.

The women used to clean the clothes with a washboard.

There were no modern appliances back then.

I'm glad that we have electricity and modern appliances.

The things that we have make life so much easier.

There were mummies from Egypt at the museum.

I was fascinated by those.

There were artifacts from the Indians.

There were arrowheads and cradles that the babies slept in.

I tried my best to see everything, but it was almost impossible.

The museum is a good place to learn about your past.

I tried to imagine my grandparents using some of the things that were on display at the museum.

Il y avait de très vieilles photos de pompiers en train d'éteindre des incendies.

Certaines pièces du musée étaient aménagées comme une vieille maison.

Il y avait des fers à repasser et des machines à coudre antiques.

Les femmes nettoyaient les vêtements avec une planche à laver.

Il n'y avait pas d'appareils modernes à l'époque.

Je suis heureux que nous ayons l'électricité et des appareils modernes.

Les choses que nous avons rendent la vie tellement plus facile.

Il y avait des momies d'Égypte au musée.

Elles m'ont fasciné.

Il y avait des objets des Indiens.

Il y avait des pointes de flèches et des berceaux dans lesquels les bébés dormaient.

J'ai fait de mon mieux pour tout voir, mais c'était presque impossible.

Le musée est un bon endroit pour apprendre sur son passé.

J'ai essayé d'imaginer mes grands-parents en train d'utiliser certaines des choses qui étaient exposées au musée.

Chapter 6: HOUSE - *Maison*
Vocabulary Overview Resumé de vocabulaire

House	Maison
To Live	Vivre
Small	Petit
Bedroom	Chambre à coucher
To Sleep	Dormir
In	Dans
To Share	Partager
Other	Autre
Kitchen	Cuisine
To Cook	Cuisine
Dinner	Dîner
Closet	Armoire
Basement	Sous-sol
Wood Furniture	Meubles en bois
Floor	Plancher
Backyard	Cour arrière
Maple Tree	Érable
Swimming	Baignade
In Front Of	Devant

Neighbor	Voisin
To Water	Rinçage
House Work	Travaux ménagers
Always	Toujours
Windows	Fenetres
Outside	Extérieur
To Vacuum	Vider
To Be Waxed	Se faire épiler
To Be Polished	Soyez poli
To Keep Clean	Maintenir la propreté
Laundry	Laverie
To Be Dried	Etre séché
Dryer	Séchage
To Hang	Accrocher
Iron	Fer
Dishes	Vaisselle
To Pile Up	Empiler
To Wipe	Nettoyer
Counters	Compteurs
Stove	Cuisinière
Cupboard	Armoire
To Dust	Dépoussiérer

To Sweep Up	Balayage
Bed	Lit
Sheet	Feuille
Living Room	Salle de séjour
Cough	Toux
Chairs	Chaises
Sink	Évier
Dishwasher	Lave-vaisselle
Kitchen Table	Table de cuisine
Dining Room	Salle à manger
Washroom Or Bathroom	Toilettes ou salle de bains
Bathtub	Baignoire
Dressers	Commodes
Farm	Ferme
Farmer	Agriculteur
Barn	Grange
Horses	Chevaux
Cows	Vache
Tail	Queue
Grass	Herbe
Saddle	Sellette
Ride	Une tour

To Swish Away From	Eloigner de
Kitchen	Cuisine
Inside	Intérieur
Oven	Four
To Bake	Cuisson au four
Cake	Gâteau
Burners	Brûleurs
To Store	Magasin
To Keep	Gardez
Freezer	Congélateur
To Freeze	Geler
Toaster	Grille-pain
Kettle	Bouilloire
Sink	Évier
Dish	Vaisselle
Knives	Couteaux
Spoon	Cuillère
Fork	Fourche
Plate	Plaque
Bowl	Bol
Cup	Tasse
Coffee Mug	Tasse à café

Glass	Verre
Jug	La cruche
Pitcher	Lanceur
House	Maison
Storey	Plancher
The Bottom Of	Le fond de
To Paint	Peinture
Upper	Upper
Chimney	Cheminée
Through	Par paire
The Front	Avant
Living Room	Salle de séjour
Upstairs	A l'étage
Ruffled	Volants
Curtain	Rideau
Pine Tree	Pin
Yard	Patio
Blind	Aveugle
Bunk Bed	Couchette
Fence	Clôture
Gate	Portail
Laundry Room	Laverie

Win	Gagner
Garden	Jardin
To Smell	Sentir
Rose	Rose
Bushes	Arbustes
Get Rid Of	Se Débarrasser de
Bug	Insectes
Sunflower	Tournesol
Seed	Semences
Birdbath	Buvette pour oiseaux
Blackbird	Merle noir
Swallow	Avalez
Dirt	Saleté
Holes	Trous
Ant	Fourmi
To Bring	Apporter
Nest	Nid
Snail	Escargot
To Carry	Porter
Silver	Argent
Trail	Piste / chemin/ Sentier
Leaf	Feuille
To Pick	Choisissez
Pea Raw	Pois cru

Pod	Cosse
Lettuce	Laitue
Tomato	Tomate
Neighbour	Voisin
To Send	Envoyer
To Grow	Cultiver
Earth	Sol /Terre
To Pull	Jeter
Under	Sous
Above	Au-dessus de
Weed	Herbe
Herbes	Herbe
Rainfall	la chute de pluie
To Seem	Ressembler à
To Spring	se précipiter / Naitre
Roots	Racines
Roommate	Colocation
Wanted	Recherché
Spacious	Spacieux
Quiet	Calme
Non-Smoker	Non-fumeur

Available	Disponible
To Train	Entraîner
Bathroom	Bain
Bathtub	Bain
Wall	Mur
Shower Head	Pomme de douche
Curtain Hanging	Crochet pour rideau
Soap	Savon
Rock	Rock
Washcloth	Lingette
Face Clothe	Gant de toilette
Drain	Drainer
Plug	Bouchon
To Pull	Tirer
To Swoosh Out	Sortir en trombe
Toilet Tissue	Papier hygiénique
Medicine Cabine	Armoire à pharmacie
Toothpaste	Dentifrice
Makeup	Maquillage
To Wear	Apportez
Hair Spray	Laque pour cheveux

Brush	Brosse
Comb	Peigne
Dental Floss	Fil dentaire
Teeth	Dents
To Line Up	Aligner
Bedroom	Chambre à coucher
Soft	Soft
Bedspread	Couvre-lit
Sheet	Drap de lit
Blanket	Couverture
Feather Pillows	Oreillers en plumes
Pillow Case	Taie d'oreiller
Dresser	Commode
Mirror	Miroir
Picture Frame	Cadre photo
To Wake Up	Réveillez-vous
Drawer	Tiroir
Deep	Profond
Hangers	Cintres
Cozy	Confortable
Town /City	Ville
Building	Immeuble

Apartment	Appartements
Dormitory	Chambre à coucher
To Share	Partager
To Catch	Attraper
Floor	Plat
Trailer	Remorque
Cottage	Maison de campagne
Retirement	Retraite

Vous trouverez l'audio de chaque texte Sur **Myeverydayrepertoire.com** vous pouvez les télécharger ou les écouter en boucle tout en parcourant le livre.

6.1 My House - *Ma maison*

I live in a house.	Je vis dans une maison.
My house is small.	Ma maison est petite.
My house has two bedrooms.	Ma maison a deux chambres.
My Mom and Dad sleep in one bedroom.	Mon papa et ma maman dorment dans une chambre.
My sister and I share the other bedroom.	Ma sœur et moi partageons l'autre chambre.
My house has a kitchen.	Ma maison a une cuisine.
My Mom and Dad cook dinner there every night.	Mon père et ma mère y préparent le dîner tous les soirs.
My house has a living room.	Ma maison a un salon.
My family watches television there every night.	Ma famille y regarde la télévision tous les soirs.
My house has a big bathroom.	Ma maison a une grande salle de bains.
My house has a lot of closets.	Ma maison a beaucoup de placards.
My house has a basement.	Ma maison a un sous-sol.
My Dad has a workshop in the basement.	Mon père a un atelier au sous-sol.
My Dad makes wood furniture.	Mon père fabrique des meubles en bois.

My house does not have a second floor.	Ma maison n'a pas de deuxième étage.
My house has a garage.	Ma maison a un garage.
My house has a big backyard.	Ma maison a une grande cour arrière.
My backyard has a maple tree.	Mon jardin a un érable.
My backyard has a swimming pool.	Dans ma cour, il y a une piscine.
My backyard has a vegetable garden.	Ma cour a un jardin potager.
My family likes our house.	Ma famille aime notre maison.

6.2 My Flower Garden - *Mon jardin de fleurs*

My name is Anne.	Je m'appelle Anne.
I love flowers.	J'aime les fleurs.
I have a flower garden.	J'ai un jardin de fleurs.
My garden is in front of my house.	Mon jardin est devant ma maison.
My neighbour has a garden too.	Mon voisin a aussi un jardin.
My garden has different types of flowers.	Dans mon jardin, il y a différentes sortes de fleurs.
I have roses in my garden.	J'ai des roses dans mon jardin.
I have tulips in my garden.	J'ai des tulipes dans mon jardin.
I have petunias in my garden.	J'ai des pétunias dans mon jardin.
My garden has different colours.	Mon jardin a différentes couleurs.
I plant red flowers.	Je plante des fleurs rouges.
I plant orange flowers.	Je plante des fleurs orange.
I plant blue flowers.	Je plante des fleurs bleues.
I plant purple flowers.	Je plante des fleurs violettes.
I take care of my garden.	Je prends soin de mon jardin.
I water my garden every day.	J'arrose mon jardin tous les jours.
I kill the weeds in my garden.	Je tue les mauvaises herbes dans mon jardin.
I kill insects that eat my flowers.	Je tue les insectes qui mangent mes fleurs.
I love my beautiful garden.	J'aime mon beau jardin.

6.3 Housework - *Les tâches ménagères*

There is always housework to do when you live in a house.

Il y a toujours des travaux ménagers à faire quand on vit dans une maison.

You have to wash the windows so that you can see outside.

Il faut laver les fenêtres pour qu'on puisse voir dehors.

The floors and the carpets need to be vacuumed.

Il faut passer l'aspirateur sur les sols et les tapis.

The floors also need to be washed, and some of them need to be waxed.

Les sols doivent également être lavés, et certains doivent être cirés.

The furniture has to be polished.

Les meubles doivent être polis.

The bathroom has to be kept clean.

La salle de bains doit être maintenue propre.

After you have a bath, you need to clean out the bathtub.

Après avoir pris un bain, vous devez nettoyer la baignoire.

Laundry needs to be done regularly, or you will run out of clothes to wear.

La lessive doit être faite régulièrement, sinon vous n'aurez plus de vêtements à porter.

The clothes go into the washing machine, and then they have to be dried in the dryer.

Les vêtements vont dans la machine à laver, puis ils doivent être séchés dans le sèche-linge.

Sometimes, we hang the clothes out on the line to be dried.

Parfois, nous étendons les vêtements sur la corde pour les faire sécher.

Some of the clothes need to be ironed.

Certains vêtements doivent être repassés.

You have to buy groceries and put them away.

Il faut acheter des produits d'épicerie et les ranger.

Meals need to be made.	Les repas doivent être préparés.
You can't let the dishes pile up in the kitchen.	Il ne faut pas laisser la vaisselle s'entasser dans la cuisine.
The dishes have to be washed, and the counters need to be wiped.	La vaisselle doit être lavée, et les comptoirs doivent être essuyés.
The stove needs to be cleaned, and sometimes the refrigerator and the cupboards need to be cleaned out.	La cuisinière doit être nettoyée, et parfois le réfrigérateur et les armoires doivent être nettoyés.
You can dust the furniture and sweep up the dirt.	Vous pouvez épousseter les meubles et balayer les saletés.
You can make the beds.	Vous pouvez faire les lits.
The beds have to be changed too.	Les lits doivent aussi être changés.
They need to have clean sheets put on them.	Il faut leur mettre des draps propres.
There are just so many things to do.	Il y a tellement de choses à faire.
Household chores take up a lot of time.	Les tâches ménagères prennent beaucoup de temps.

6.4 House - *Maison*

A house is divided into different rooms.	Une maison est divisée en différentes pièces.
In my house, there is a living room.	Dans ma maison, il y a un salon.
There is a couch, two chairs, a coffee table and a television set in the living room.	Il y a un canapé, deux chaises, une table basse et une télévision dans le salon.
In the kitchen, there is a stove and a refrigerator.	Dans la cuisine, il y a une cuisinière et un réfrigérateur.
There is also a sink and a dishwasher in the kitchen.	Il y a aussi un évier et un lave-vaisselle dans la cuisine.
There is a kitchen table and chairs.	Il y a une table de cuisine et des chaises.
We eat most of our meals at the kitchen table.	Nous prenons la plupart de nos repas à la table de la cuisine.
We have a dining room.	Nous avons une salle à manger.
There is a dining table and chairs in there.	Il y a une table à manger et des chaises.
There is a washroom or bathroom.	Il y a une salle d'eau ou une salle de bains.
There is a toilet, sink and bathtub in the bathroom.	Il y a des toilettes, un lavabo et une baignoire dans la salle de bains.
There is also a shower in the bathroom.	Il y a aussi une douche dans la salle de bains.
We have three bedrooms.	Nous avons trois chambres.
The bedrooms are upstairs.	Les chambres sont à l'étage.
My brother's room, my room and my parent's room all have beds in them.	La chambre de mon frère, ma chambre et celle de mes parents ont toutes des lits.

We also have dressers in our rooms.	Nous avons aussi des commodes dans nos chambres.
There are closets in all of the bedrooms.	Il y a des placards dans toutes les chambres.
We keep our clothes in the closets.	Nous gardons nos vêtements dans les placards.
There is a basement in our house.	Il y a un sous-sol dans notre maison.
We store things in the basement.	**Nous y entreposons des choses.**
There is a laundry room in the basement.	Il y a une buanderie au sous-sol.
There is a washing machine and a dryer in the laundry room.	Il y a une machine à laver et un sèche-linge dans la buanderie.
This is where we wash and dry our clothes.	C'est là que nous lavons et séchons nos vêtements.
There is a garage attached to the house.	Il y a un garage attenant à la maison.
We keep the car in the garage.	Nous gardons la voiture dans le garage.
You drive up the driveway and into the garage.	Vous montez l'allée et entrez dans le garage.
We also have a front yard and a back yard.	**Nous avons aussi une cour avant et une cour arrière.**
There is a vegetable garden in the back yard.	Il y a un potager dans la cour arrière.
There are some flowers and a tree planted in the front yard.	Il y a des fleurs et un arbre dans la cour avant.

6.5 The Farm - *La ferme*

My uncle is a farmer.	Mon oncle est un fermier.
He lives on a farm.	Il vit dans une ferme.
He has many different types of animals.	Il a beaucoup d'animaux de différentes sortes.
In the barn, there are horses and cows.	Dans la grange, il y a des chevaux et des vaches.
The cows swish the flies away from themselves with their tails.	Les vaches éloignent les mouches d'elles-mêmes avec leur queue.
It sounds very loud if a cow says "**moo**" when you are standing there.	Le son est très fort si une vache dit "moo" quand on se trouve là.
The cows eat the grass from my uncle's field.	Les vaches mangent l'herbe du champ de mon oncle.
He gets milk from the cows.	Il obtient du lait des vaches.
I put a saddle on one of the horses and went for a ride.	J'ai mis une selle à l'un des chevaux et je suis allé faire un tour.
There are pigs in the pigpen.	Il y a des cochons dans la porcherie.
He has goats.	Il a des chèvres.
He says that the goats will eat just about anything.	Il dit que les chèvres mangent à peu près n'importe quoi.
He has a chicken coop with chickens in it.	Il a un poulailler avec des poules dedans.
The chickens lay eggs.	Les poules pondent des œufs.
Have you ever seen baby chicks? They are very cute.	As-tu déjà vu des poussins ? Ils sont très mignons.
My uncle collects the eggs every morning.	Mon oncle ramasse les œufs tous les matins.

There is a rooster too.	Il y a aussi un coq.
The rooster crows when the sun comes up.	Le coq chante quand le soleil se lève.
My uncle also has a goose.	Mon oncle a aussi une oie.
The goose makes a honking noise.	L'oie fait un bruit de klaxon.
I don't think that the goose likes me.	Je crois que l'oie ne m'aime pas.
It nips me when I go near it.	Elle me mord quand je m'en approche.
Many cats live in my uncle's barn.	Beaucoup de chats vivent dans la grange de mon oncle.
They are stray cats, but he lets them stay there because they keep the mice away.	Ce sont des chats errants, mais il les laisse rester là parce qu'ils éloignent les souris.
My uncle feeds the cats.	Mon oncle nourrit les chats.
My uncle says that he would like to get some sheep for his farm.	Mon oncle dit qu'il aimerait avoir des moutons pour sa ferme.
You can get wool from sheep.	On peut obtenir la laine des moutons.
There are a lot of animals on my uncle's farm.	Il y a beaucoup d'animaux dans la ferme de mon oncle.

6.6 The Kitchen - *La Cuisine*

The kitchen is where we make and eat our meals.

La cuisine est l'endroit où nous préparons et mangeons nos repas.

There is a stove in the kitchen.

Il y a une cuisinière dans la cuisine.

Inside the stove there is an oven where you bake things.

A l'intérieur de la cuisinière, il y a un four où on fait cuire des choses.

You can put a cake into the oven to bake.

On peut mettre un gâteau dans le four pour le faire cuire.

On top of the stove are burners.

Au-dessus de la cuisinière, il y a des brûleurs.

The burners get hot.

Les brûleurs deviennent chauds.

You put pots or pans on the burners.

On met des casseroles ou des poêles sur les brûleurs.

The refrigerator is where we store the food that needs to be kept cold.

Le réfrigérateur est l'endroit où l'on stocke les aliments qui doivent être conservés au froid.

We keep milk, eggs, cheese and vegetables in the refrigerator.

On garde le lait, les œufs, le fromage et les légumes dans le réfrigérateur.

At the top of the refrigerator is the freezer.

En haut du réfrigérateur se trouve le congélateur.

The freezer keeps things frozen.

Le congélateur conserve les aliments congelés.

We have frozen vegetables, ice cream and ice cubes in the freezer.

Nous avons des légumes congelés, de la crème glacée et des glaçons dans le congélateur.

We have a toaster in the kitchen.

Nous avons un grille-pain dans la cuisine.

You put the bread in the toaster, and it turns into toast.	Tu mets le pain dans le grille-pain, et il se transforme en toast.
We have an electric kettle.	Nous avons une bouilloire électrique.
We boil water to make tea in the kettle.	On fait bouillir de l'eau pour faire du thé dans la bouilloire.
There is a double sink in the kitchen.	Il y a un double évier dans la cuisine.
That is where we wash the dishes.	C'est là que nous faisons la vaisselle.
We turn on the hot tap, and put some dish detergent into the sink to wash the dishes.	Nous ouvrons le robinet d'eau chaude et nous mettons du détergent à vaisselle dans l'évier pour laver la vaisselle.
Sometimes we put the dishes into the dishwasher, and the dishwasher washes the dishes.	Parfois, nous mettons la vaisselle dans le lave-vaisselle, et le lave-vaisselle lave la vaisselle.
There are other things in the kitchen.	Il y a d'autres choses dans la cuisine.
There are utensils like knives, forks and spoons.	Il y a des ustensiles comme des couteaux, des fourchettes et des cuillères.
There are tea towels and dish clothes.	Il y a des torchons et des linges à vaisselle.
There are oven mitts and pot holders to take hot things out of the oven.	Il y a des gants de cuisine et des maniques pour sortir les plats chauds du four.
There are pots to cook and boil things in.	Il y a des casseroles pour faire cuire et bouillir les aliments.
There are pans to fry things.	Il y a des poêles pour faire frire les aliments.

We have dishes that we eat from.	Nous avons des plats dans lesquels nous mangeons.
We have plates for our dinner, and bowls that we can put our soup in.	Nous avons des assiettes pour dîner et des bols pour mettre notre soupe.
We drink from cups, or coffee mugs, or glasses.	Nous buvons dans des tasses, des tasses à café ou des verres.
We keep our juice in a pitcher or a jug.	Nous gardons notre jus de fruit dans un pichet ou une cruche.
There is a timer that you can set when you are cooking.	Il y a un minuteur que l'on peut régler quand on fait la cuisine.
The timer buzzes when the food is ready.	La minuterie sonne quand la nourriture est prête.
We also have a microwave oven in the kitchen.	Nous avons aussi un four à micro-ondes dans la cuisine.
If we are in a hurry, we cook our food in the microwave.	Si nous sommes pressés, nous faisons cuire nos aliments dans le four à micro-ondes.

6.7 My House - *Ma maison*

I live in a two-story house.	Je vis dans une maison à deux étages.
The bottom of the house is painted white.	Le bas de la maison est peint en blanc.
The upper part of the house is made of red brick.	La partie supérieure de la maison est faite de briques rouges.
The chimney is also made of red brick.	La cheminée est également en briques rouges.
If you go through the front door and turn right, you'll see the living room.	Si vous passez la porte d'entrée et tournez à droite, vous verrez le salon.
The living room is very large and comfortable.	Le salon est très grand et confortable.
There are easy chairs, a coffee table and a sofa in there.	Il y a des fauteuils, une table basse et un canapé.
I like to sit in there and relax.	J'aime m'y asseoir et me détendre.
Next to the living room is the dining room.	À côté du salon se trouve la salle à manger.
There are a dining table and chairs in there.	Il y a une table et des chaises.
We use this room whenever we have visitors over for dinner.	Nous utilisons cette pièce lorsque nous recevons des visiteurs pour le dîner.
Beside the dining room is the kitchen.	À côté de la salle à manger se trouve la cuisine.

The kitchen has a stove and a refrigerator in it there is also a kitchen table with some benches at it.	La cuisine a une cuisinière et un réfrigérateur, ainsi qu'une table de cuisine avec des bancs.
Most of the time we eat in the kitchen.	La plupart du temps, nous mangeons dans la cuisine.
Upstairs there are three bedrooms.	A l'étage, il y a trois chambres.
My parents' bedroom is very big.	La chambre de mes parents est très grande.
They have a large queen sized bed in there, and there are two closets for their clothes.	Ils ont un grand lit double et il y a deux placards pour leurs vêtements.
My room is smaller.	Ma chambre est plus petite.
My room is **painted pink**, and I have ruffled curtains on the windows.	Ma chambre est **peinte en rose,** et j'ai des rideaux à volants aux fenêtres.
From my bedroom window you can see the front yard.	De la fenêtre de ma chambre, on peut voir la cour avant.
There is a pine tree in the front yard.	Il y a un pin dans la cour.
My brother's bedroom is painted blue.	La chambre de mon frère est peinte en bleu.
He has blinds on the windows.	Il a des stores aux fenêtres.
He has a bunk bed in his room.	Il a un lit superposé dans sa chambre.
If he has a friend stay over, one of them can sleep on the **top** bunk, and the other one can sleep on the bottom bunk.	S'il a un ami qui reste, l'un d'eux peut dormir sur le lit du **haut** et l'autre sur le lit du bas.
He can see the back yard from his bedroom window.	De la fenêtre de sa chambre, il peut voir la cour arrière.

There are rose bushes and a picnic table in the back yard.
There is also a white fence that has gate in it.
In the basement there is a recreation room.
This is where we watch television and have friends over to visit.
The laundry room is also in the basement.
There are a washing machine and a dryer in there.
Beside our house is a garage.

We keep the car in the garage whenever the weather is bad.

Our house is just the right size for our family.
Friends are always welcome at our house.

Il y a des rosiers et une table de pique-nique dans la cour arrière.
Il y a aussi une clôture blanche avec une porte.
Au sous-sol, il y a une salle de récréation.
C'est là que nous regardons la télévision et que nous recevons la visite d'amis.
La buanderie se trouve également au sous-sol.
Il y a une machine à laver et un sèche-linge.
À côté de notre maison se trouve un garage.

Nous gardons la voiture dans le garage quand le temps est mauvais.

Notre maison est juste la bonne taille pour notre famille.
Les amis sont toujours les bienvenus chez nous.

6.8 The Garden - *Le jardin*

The garden is very interesting.	Le jardin est très intéressant.
I sometimes go outside and I watch all the things that go on in the garden.	Je sors parfois dehors et je regarde tout ce qui se passe dans le jardin.
It smells wonderful in the flower garden.	Le jardin de fleurs sent très bon.
There are red, white, pink and yellow roses that have a sweet smell.	Il y a des roses rouges, blanches, roses et jaunes qui sentent très bon.
I watch the bees as they take pollen from the roses.	Je regarde les abeilles qui prennent le pollen des roses.
There are tiny bugs that live on the rose bushes.	Il y a de petites bestioles qui vivent sur les rosiers.
My mother tries to get rid of the little bugs, but it is difficult to get rid of them.	Ma mère essaie de se débarrasser de ces petites bestioles, mais c'est difficile de s'en débarrasser.
She is glad to see the red **ladybugs**, who eat the little **bugs**.	Elle est contente de voir les **coccinelles** rouges, qui mangent les petits **insectes**.
The birds like the sunflowers.	**Les oiseaux** aiment les tournesols.
They like to eat sunflower seeds.	Ils aiment manger les graines de tournesol.
There is a birdbath in the garden.	Il y a un bain d'oiseaux dans le jardin.
The blackbirds and swallows go in there to take a drink or have a bath.	Les merles et les hirondelles y vont pour boire ou se baigner.

I sometimes see a robin or a blue jay in there too.
In the dirt there are little holes where the ants go in and out.

The ants are hard workers.
I watch them as they work together as a team to bring food to their nests.

There are snails in the garden too.
They carry their homes on their backs.
They move slowly and leave a silvery trail as they go.

They eat the leaves from my mother's plants.
My mother also has vegetables growing in her garden.
She grows green peas.
We like to pick those and eat the peas raw, right out of their pods.

She grows lettuce and tomatoes too.
We have so many tomatoes that we always give some to our neighbors.

Parfois, j'y vois aussi un merle ou un geai bleu.
Dans la terre, il y a des petits trous dans lesquels les fourmis entrent et sortent.

Les fourmis travaillent dur.
Je les observe lorsqu'elles travaillent en équipe pour apporter de la nourriture à leur nid.

Il y a aussi des escargots dans le jardin.
Ils transportent leur maison sur leur dos.
Ils se déplacent lentement et laissent une trace argentée sur leur passage.

Ils mangent les feuilles des plantes de ma mère.
Ma mère a aussi des légumes qui poussent dans son jardin.
Elle fait pousser des pois verts.
Nous aimons les cueillir et les manger crus, directement dans leur cosse.
Elle fait aussi pousser de la laitue et des tomates.
Nous avons tellement de tomates que nous en donnons toujours à nos voisins.

My mother sends us outside to pick lettuce and tomatoes whenever we have a salad.	Ma mère nous envoie dehors cueillir de la laitue et des tomates chaque fois que nous mangeons une salade.
My favorite vegetables are carrots.	Mes légumes préférés sont les carottes.
Their tops grow above the earth, but the carrots are below the dirt.	Leurs fanes poussent au-dessus de la terre, mais les carottes sont sous la terre.
When you pick them, you have to pull the carrots out from under the soil.	Quand on les cueille, il faut tirer les carottes de dessous la terre.
Weeds also grow in the garden.	Les mauvaises herbes poussent aussi dans le jardin.
After a good rainfall, it seems that the weeds just spring up.	Après une bonne pluie, on dirait que les mauvaises herbes poussent.
I pull the weeds out by their roots so that they won't grow back.	J'arrache les mauvaises herbes par leurs racines pour qu'elles ne repoussent pas.
Weeds choke the good plants, so we don't want them in our garden.	Les mauvaises herbes étouffent les bonnes plantes, alors nous n'en voulons pas dans notre jardin.
Gardening is a good hobby.	Le jardinage est un bon passe-temps.
You get fresh air, sunshine and exercise.	Vous prenez l'air, vous profitez du soleil et vous faites de l'exercice.
You even get beautiful, colorful flowers and nice fresh food.	On obtient même de belles fleurs colorées et de bons aliments frais.

6.9   Roommate Wanted
Recherche d'un colocataire

Spacious two bedroom apartment with kitchen facilities.
On the bus route to Brock University.
Looking for quiet female roommate.
Must be a non-smoker.
Available from Sept. 1.

$300 a month.
Hydro is included.
Call Barb after 5.
905-111-1111

Spacieux appartement de deux chambres avec cuisine.
Sur la route du bus pour l'Université Brock.
Recherche une colocataire féminine calme.
 Doit être non-fumeuse.
Disponible à partir du 1er septembre.

300 $ par mois.
 L'électricité est comprise.
Appelez Barb après 17 h.
905-111-1111

For Sale
Ten speed men's bike for sale.

Excellent condition.
$100 or best offer.
Call Fred 905-111-1111

À vendre
Vélo pour hommes à dix vitesses à vendre.

Excellent état.
100 $ ou meilleure offre. Appelez Fred au 905-111-1111

Apartment for Rent
Three-bedroom apartment in the downtown area.
$450 a month.
Within walking distance to stores and bus route.

Appartement à louer
Appartement de trois chambres à coucher dans le centre-ville.
450 $ par mois.
À distance de marche des magasins et de la ligne d'autobus.

Utilities not included.

Call (905) 111-1111.
Please leave a message on the machine, and I will get back to you.

Roommate Wanted
Responsible, quiet roommate wanted to share two
bedroom apartments.
Some furniture included.
First and last month's rent required.
$300 a month.
Utilities included.
Call before 6.
905-111-1111
Ask for George.

Help Wanted
Friendly reliable person wanted to work part time hours at shoe store.

No experience necessary.
We will train you.
Please leave resume at Friendly Feet Shoe Store,
34 Main Street, Niagara Falls.

Les services publics ne sont pas inclus.
Appelez le (905) 111-1111.
 Veuillez laisser un message sur le répondeur, et je vous rappellerai.

Colocataire recherché
Colocataire responsable et calme recherché pour partager des appartements de deux chambres.
Quelques meubles inclus.
Premier et dernier mois de loyer requis.
300 $ par mois.
Services publics inclus.
Appelez avant 18 h.
905-111-1111
Demandez George.

Aide recherchée
Personne amicale et fiable recherchée pour travailler à temps partiel dans un magasin de chaussures.
Aucune expérience nécessaire.
Nous vous formerons.
Veuillez laisser votre CV au magasin de chaussures Friendly Feet, 34 Main Street, Niagara Falls.

For Sale	A vendre
Textbooks for sale.	Manuels scolaires à vendre.
Included are 2nd year English and American history texts.	Comprend des textes de 2e année d'anglais et d'histoire américaine.
Excellent condition.	Excellent état.
For complete list of texts, call Marie at (905) 111-1111 any time after 5.	Pour la liste complète des textes, appelez Marie au (905) 111-1111 à tout moment après 17h.
Upper Half of Duplex for Rent Within walking distance to Brock University.	La moitié supérieure du duplex à louer À distance de marche de l'Université Brock.
Two bedrooms and balcony.	Deux chambres à coucher et un balcon.
Laundry facilities in basement.	Laverie au sous-sol.
Very spacious and clean.	Très spacieux et propre.
Hydro not included.	Hydro non inclus.
References required.	Références requises.
$700 per month.	700 $ par mois.
Call 905-111-1111 and ask for Mr. Bridges	Appelez le 905-111-1111 et demandez M. Bridges.

6.10 The Bathroom - *La salle de bains*

There is a bathtub in my bathroom.	Il y a une baignoire dans ma salle de bains.
On the wall over the bathtub there is a shower head.	Sur le mur au-dessus de la baignoire, il y a une pomme de douche.
We have a shower curtain hanging on the rod over the bathtub.	Nous avons un rideau de douche accroché à la tringle au-dessus de la baignoire.
If we want to take a shower, we close the curtain.	Si nous voulons prendre une douche, nous fermons le rideau.
There is soap and shampoo in the bathroom.	Il y a du savon et du shampoing dans la salle de bains.
The soap is used for washing yourself, and the shampoo is used to wash your hair.	Le savon sert à se laver, et le shampoing sert à se laver les cheveux.
Towels are hanging on racks.	Les serviettes sont suspendues à des porte-serviettes.
There are washcloths or face cloths to wash yourself with.	Il y a des gants de toilette ou des débarbouillettes pour se laver.
The sink has hot and cold taps.	L'évier a des robinets chauds et froids.
There is a plug for the drain.	Il y a un bouchon pour l'évacuation.
When you pull the plug, the water runs out of the sink.	Lorsque vous tirez le bouchon, l'eau s'écoule de l'évier.
There is a toilet in the bathroom.	Il y a des toilettes dans la salle de bains.
When you flush the toilet, the water swooshes out of it.	Lorsque vous tirez la chasse d'eau, l'eau s'écoule en trombe.

There is toilet tissue hanging beside the toilet.	Du papier hygiénique est suspendu à côté des toilettes.
We keep other things in the bathroom too.	Nous gardons aussi d'autres choses dans la salle de bains.
There is a medicine cabinet which holds pain killers, toothpaste and makeup.	Il y a une armoire à pharmacie qui contient des analgésiques, du dentifrice et du maquillage.
My mother likes to wear a lot of makeup on her face.	Ma mère aime mettre beaucoup de maquillage sur son visage.
There is also hair spray and gel.	Il y a aussi de la laque et du gel pour les cheveux.
There are brushes and combs for our hair.	Il y a des brosses et des peignes pour nos cheveux.
There are toothbrushes and dental floss for our teeth.	Il y a des brosses à dents et du fil dentaire pour nos dents.
We only have one bathroom, so we line up to use it.	Nous n'avons qu'une seule salle de bains, alors nous faisons la queue pour l'utiliser.
It is good to have more than one bathroom in a house.	C'est bien d'avoir plus d'une salle de bains dans une maison.

6.11 **The Bedroom** - *La chambre à coucher*

My bed is nice and soft.
I have a pretty bedspread on my bed.
I have sheets and a blanket on my bed also.
I use two feather pillows.
My pillows have pillowcases on them.
My dresser has a mirror on it.
I have a lamp on top of my dresser.
I also have some picture frames with pictures of my friends and family on top of my dresser.
There is an alarm clock beside my bed so that I can wake up on time in the morning.

I keep many clothes in my dresser drawers.
The drawers are nice and deep.

My closet is large.
It is a walk-in closet.
I have my clothes hanging in my closet.
All of my clothes are hung on hangers.

Mon lit est beau et doux.
J'ai un joli couvre-lit sur mon lit.

J'ai aussi des draps et une couverture sur mon lit.
J'utilise deux oreillers en plumes.
Mes oreillers ont des taies d'oreiller.
Il y a un miroir sur ma commode.
J'ai une lampe sur le dessus de ma commode.
J'ai aussi quelques cadres avec des photos de mes amis et de ma famille sur le dessus de ma commode.
Il y a un réveil à côté de mon lit pour que je puisse me réveiller à l'heure le matin.

Je garde beaucoup de vêtements dans les tiroirs de ma commode.
Les tiroirs sont beaux et profonds.

Mon armoire est grande.
C'est un dressing.
Mes vêtements sont suspendus dans mon armoire.
Tous mes vêtements sont suspendus à des cintres.

My shoes are all lined up on the floor of my closet.	Mes chaussures sont toutes alignées sur le sol de mon armoire.
There are shelves at the top of my closet.	Il y a des étagères en haut de mon placard.
I keep games up there.	Je garde mes jeux là-haut.
There is a rug on my bedroom floor.	Il y a un tapis sur le sol de ma chambre.
My bedroom window looks out over the back yard.	La fenêtre de ma chambre donne sur la cour arrière.
There are curtains on my bedroom window.	Il y a des rideaux sur la fenêtre de ma chambre.
My bedroom is very cozy.	Ma chambre est très confortable.
At night, I turn off the lamp and get under the covers.	**Le soir,** j'éteins la lampe et je me mets sous les couvertures.
I set my alarm clock for seven o'clock.	Je règle mon réveil à sept heures.
I lay my head on the pillow, and I fall asleep.	Je pose ma tête sur l'oreiller et je m'endors.

6.12 **Places to Live** - *Endroits où vivre*

I live in a house.	J'habite dans une maison.
My house is in a town.	Ma maison est dans une ville.
My uncle lives in an apartment building.	Mon oncle vit dans un immeuble.
His apartment building is in a busy city.	Son immeuble se trouve dans une ville animée.
My cousin lives in a dormitory in a school.	Mon cousin vit dans le dortoir d'une école.
He shares his room with a classmate.	Il partage sa chambre avec un camarade de classe.
My uncle lives out in the country.	Mon oncle vit à la campagne.
He lives on a farm.	Il vit dans une ferme.
The police caught a criminal.	La police a attrapé un criminel.
Now the criminal lives in prison.	Maintenant, le criminel vit en prison.
When I go to summer camp, I live in a tent.	Quand je vais en colonie de vacances, je vis dans une tente.
When my parents go on vacation, they live in a motel or a hotel.	Quand mes parents partent en vacances, ils vivent dans un motel ou un hôtel.
A motel only has one or two floors.	Un motel n'a qu'un ou deux étages.
A hotel usually has many floors.	Un hôtel a généralement plusieurs étages.
My aunt and uncle live in a trailer.	Ma tante et mon oncle vivent dans une caravane.
They like to move around from place to place.	Ils aiment se déplacer d'un endroit à l'autre.
My friends live in a cottage by a lake.	Mes amis vivent dans un chalet au bord d'un lac.

My grandfather lives in a retirement home. Many people who are about the same age as he is live there. I would like to live in a palace. I think you have to be a king or a queen, or a prince or a princess to live in a palace.	Mon grand-père vit dans une maison de retraite. Beaucoup de personnes qui ont à peu près le même âge que lui y vivent. J'aimerais vivre dans un palais. Je pense qu'il faut être un roi ou une reine, ou un prince ou une princesse pour vivre dans un palais.

Chapter 7: TIME - Temps
Vocabulary overview- Resumé de vocabulaire

Time	Temps/heure
To Ride	Monter (bicy, moto, cheval)
Recess	Pause
To Skip	Sauté
Lunch	Déjeuner
Bell	Cloche
Ring	Bague
To Build	Construire
To Stay	Rester
Indoor	À l'intérieur
Months	Mois
Years	Années
January	Janvier
Bloom	fleurir
Quite	Assez bien
Mild	Léger
Halloween	Halloween
Chill	Cool
Rest	Se reposer
Middle	Moyen
Errands	Courses / Shopping
Nearly	Un peu pret
Over	Au-dessus de
To Look Forward To	Attendre impatiemment
Quickly	Rapidement
Waste	Déchets
Once	Une fois
Forever	Forever
A Half	Un moyen

To Glance	Jeter un coup d'œil
Watch	Regarder
To Bet	Mise
Memory	Mémoire
Own	Propre
To Link	Lien
Painful	Douloureux
Flooding	Inondation
To Cherish	Caresser

7.1   Daily Schedule - *Programme quotidien*

I wake up every morning at seven o'clock.	Je me réveille tous les matins à sept heures.
I take a shower.	Je prends une douche.
I eat my breakfast.	Je prends mon petit-déjeuner.
I usually have toast or cereal.	Je prends généralement des toasts ou des céréales.
I brush my teeth.	**Je me brosse les dents.**
I put on my clothes.	Je mets mes vêtements.
I catch the school bus.	Je prends le bus scolaire.
I ride to school.	Je vais à l'école.
In my class, we have math and English before recess.	Dans ma classe, nous avons maths et anglais avant la récréation.
At recess time, the girls skip, or walk around and talk.	**À l'heure de la récréation,** les filles sautent à la corde ou se promènent et parlent.
The boys play in the playground or play baseball.	Les garçons jouent dans la cour de récréation ou jouent au baseball.
After recess, we have physical education and geography.	Après la récréation, nous avons éducation physique et géographie.

We eat lunch, and then we play outside.	Nous mangeons le déjeuner, puis nous jouons dehors.
When the bell rings, we line up to go back into the classroom.	Quand la cloche sonne, nous nous mettons en rang pour retourner en classe.
After lunch, we have history and science.	Après le déjeuner, nous avons histoire et sciences.
At recess, we play ball again.	À la récréation, nous jouons encore au ballon.
Some of girls play ball too.	Certaines filles jouent aussi au ballon.
In the winter, we build **snowmen**.	En hiver, nous construisons des **bonhommes de neige**.
If it is too cold, we stay indoors and talk to each other.	S'il fait trop froid, nous restons à l'intérieur et nous parlons entre nous.
After recess, we have music and health.	Après la récréation, nous avons musique et santé.
We get out of school at three thirty.	Nous sortons de l'école à 15h30.
I sometimes walk home with my friends, or I take the bus.	Parfois, je rentre à pied avec mes amis, ou je prends le bus.
I have a snack and change my clothes when I get home.	Je prends un goûter et je me change quand je rentre à la maison.
I change into my pajamas.	Je mets mon pyjama.
If it is raining, I watch television.	S'il pleut, je regarde la télévision.
If it is nice outside, I play with my friends.	S'il fait beau dehors, je joue avec mes amis.
I have supper at five thirty.	Je dîne à 17h30.
On some nights, I help my mother to do the dishes.	Certains soirs, j'aide ma mère à faire la vaisselle.
After supper, I do my homework.	Après le dîner, je fais mes devoirs.
I wash my face and hands, and brush my teeth.	Je me lave le visage et les mains, et je me brosse les dents.

7.2 Months - *Les mois*

There are twelve months in the year.

Il y a douze mois dans l'année.

January is the first month of the year.

Janvier est le premier mois de l'année.

It is usually cold in January.

Il fait généralement froid en janvier.

February is the second month of the year.

Février est le deuxième mois de l'année.

It is still winter when February comes.

C'est encore l'hiver quand février arrive.

They say that March comes in like a lion and goes out like a lamb.

On dit que mars arrive comme un lion et repart comme un agneau.

That means that it is still usually cold and sometimes stormy when March begins.

Cela signifie qu'il fait encore généralement froid et parfois orageux lorsque mars commence.

By the time that March ends, the weather is starting to get a little better.

À la fin du mois de mars, le temps commence à s'améliorer un peu.

April is the rainy month.

Avril est le mois des pluies.

April showers bring May flowers.

Les averses d'avril donnent naissance aux fleurs de mai.

Many of the spring flowers bloom in May.

De nombreuses fleurs de printemps s'épanouissent en mai.

The weather can be quite mild in May.

Le temps peut être assez doux en mai.

June is usually a nice warm month.

Juin est généralement un mois chaud et agréable.

Many people get married in June.

Beaucoup de gens se marient en juin.

July can be hot.

Juillet peut être chaud.

People have vacations in July.

Les gens partent en vacances en juillet.

It is a month to do summer things.	C'est un mois pour faire des activités estivales.
It is still summer in August, but the summer is winding down.	En août, c'est encore l'été, mais l'été tire à sa fin.
August is the time to have last minute vacations.	Le mois d'août est le moment pour prendre des vacances de dernière minute.
In September, we go back to school.	En septembre, nous retournons à l'école.
The autumn winds begin to blow.	Les vents d'automne commencent à souffler.
October really feels like autumn.	Octobre ressemble vraiment à l'automne.
October is Halloween time.	En octobre, c'est la période d'Halloween.
November is when we really start to feel the chill.	Novembre est le mois où l'on commence vraiment à ressentir le froid.
December is the Christmas month.	Décembre est le mois de Noël.
Most people do a lot of Christmas shopping in December.	La plupart des gens font beaucoup d'achats de Noël en décembre.
They spend quite a bit of time getting ready for Christmas.	Ils passent beaucoup de temps à se préparer pour Noël.
All of the months are different.	Tous les mois sont différents.
Which month were you born in?	Quel est votre mois de naissance?

7.3   Days of the Week- *Les jours de la semaine*

There are seven days of the week.	Il y a sept jours dans la semaine.
Sunday is a day of rest for some people, but many people still have to work.	Le dimanche est un jour de repos pour certaines personnes, mais beaucoup de gens doivent quand même travailler.
Quite a few people go to church on a Sunday.	Beaucoup de gens vont à l'église le dimanche.
On Monday morning, we go back to school after the weekend.	Le lundi matin, nous retournons à l'école après le week-end.
Many people say that they don't like Monday because it is the beginning of the work week.	Beaucoup de gens disent qu'ils n'aiment pas le lundi parce que c'est le début de la semaine de travail.
Tuesday is a school day and a working day.	Le mardi est un jour d'école et un jour de travail.
I don't think that there is anything special about a Tuesday.	Je ne pense pas que le mardi ait quelque chose de spécial.
Wednesday is the middle of the work week.	Le mercredi est le milieu de la semaine de travail.
On Thursday, many of the stores and malls stay open later.	Le jeudi, de nombreux magasins et centres commerciaux restent ouverts plus tard.
It gives you a chance to run some errands on a Thursday night.	Cela vous donne l'occasion de faire quelques courses le jeudi soir.

On Friday, you feel like the work week is nearly over.	Le vendredi, vous avez l'impression que la semaine de travail est presque terminée.
Some people say, **"thank goodness it is Friday."**	Certaines personnes disent : **"Dieu merci, c'est vendredi".**
They look forward to the weekend.	Ils attendent avec impatience le week-end.
On Saturday, many people can sleep in late.	Le samedi, beaucoup de gens peuvent faire la grasse matinée.
People get errands done on Saturday.	Les gens font leurs courses le samedi.
You see a lot of people in the grocery store on a Saturday.	On voit beaucoup de monde à l'épicerie le samedi.
Most children look forward to Saturday so that they can play with their friends.	La plupart des enfants attendent le samedi avec impatience pour pouvoir jouer avec leurs amis.
Then, Sunday comes again.	Puis, le dimanche revient.
The weeks turn into months, and the months turn into years.	Les semaines se transforment en mois, et les mois en années.
Time goes by quite quickly.	Le temps passe très vite.

7.4 Time - *Le Temps*

Time is something that you should never waste.	Le temps est une chose qu'il ne faut jamais gaspiller.
Once an hour is gone, it is gone forever.	Une fois qu'une heure est passée, elle est passée pour toujours.
You should make the most of every minute.	Vous devez tirer le meilleur parti de chaque minute.
Time is a funny thing.	Le temps est une drôle de chose.
Some days go by so slowly.	Certains jours passent si lentement.
Those are the days that you do things that aren't fun.	Ce sont les jours où tu fais des choses qui ne sont pas amusantes.
When you are having fun, time just flies by.	Quand tu t'amuses, le temps passe vite.
Time is made up of different units.	Le temps est composé de différentes unités.
Seconds turn into minutes.	Les secondes deviennent des minutes.
Minutes turn into hours.	Les minutes deviennent des heures.
Hours turn into days.	Les heures se transforment en jours.
Days turn into weeks.	Les jours se transforment en semaines.
Weeks turn into months, and months turn into years.	Les semaines se transforment en mois, et les mois en années.
We measure our lives by time.	Nous mesurons nos vies en fonction du temps.
We are very concerned with time.	Nous sommes très préoccupés par le temps.

Even little children are very conscious of time.
Little children often want to appear older,.
So if you ask a three-year-old how old he is, he will often say three and a half.

Many of our sayings are based on time.
"Give me a minute." "Hold on a second." "I'm running out of time." "Time's up"
"I just want an hour of your time."
All of these are common things that we say, and they're all based on time.

We are a society that lives by the clock.
We almost all wear watches and we glance at our watches a lot.

Time is something that we can't see, but it is a big factor in our lives.

How many times a day do you look at a watch or a clock?
I bet you'd be surprised at just how many times you do.

Même les petits enfants sont très conscients du temps.
Les petits enfants veulent souvent paraître plus âgés.
Ainsi, si vous demandez à un enfant de trois ans quel âge il a, il répondra souvent trois ans et demi.

Beaucoup de nos dictons sont basés sur le temps.
"Donnez-moi une minute." "Attendez une seconde." "Je n'ai plus de temps". "Le temps est écoulé" "Je veux juste une heure de votre temps."
Ce sont toutes des choses courantes que nous disons, et elles sont toutes basées sur le temps.
Nous sommes une société qui vit selon l'horloge.
Nous portons presque tous une montre et nous la regardons souvent.

Le temps est quelque chose que nous ne pouvons pas voir, mais c'est un facteur important dans nos vies.
Combien de fois par jour regardez-vous une montre ou une horloge? Je parie que vous seriez surpris du nombre de fois où vous le faites.

7.5 Memories - *Souvenirs*

Somebody once asked me what the most valuable things that I owned were.
I thought about that for a long time.
Then I realized that most of the things that I had could be replaced.
What I would not be able to replace were the photographs that I had of my friends and family.
Photographs are memories that are captured on film.
Some of the photographs are of people who are no longer with us.
I would hate to lose them.
Memories are precious.
They are all we have sometimes to link us to days gone by.

I remember the good times.

I try to relive them in my mind sometimes.
I remember the sad times.

Quelqu'un m'a demandé un jour quelles étaient les choses les plus précieuses que je possédais.
J'ai réfléchi à cette question pendant un long moment.
Puis j'ai réalisé que la plupart des choses que je possédais pouvaient être remplacées.
Ce que je ne pourrais pas remplacer, ce sont les photographies que j'avais de mes amis et de ma famille.
Les photographies sont des souvenirs capturés sur pellicule.
Certaines de ces photos représentent des personnes qui ne sont plus de ce monde.
Je ne voudrais pas les perdre. Les souvenirs sont précieux.
Ils sont tout ce que nous avons parfois pour nous rattacher aux jours passés.
Je me souviens des bons moments.
J'essaie parfois de les revivre dans mon esprit.
Je me souviens des moments tristes.

Some of the sad memories are painful, but they are all a part of my life, and I don't want to lose any of my memories.

People come into our lives and people leave our lives, but most people leave a memory for us.

I have lots of memories, and when I look at my photographs, the memories come Flooding back into my brain.

I remember what people were like when they were younger.

I remember vacations that I took.

I remember days that seemed ordinary at the time, but you never get to relive even the ordinary days.

Memories are so precious.

Cherish your memories, and keep them in a place close to your heart.

Certains de ces souvenirs tristes sont douloureux, mais ils font tous partie de ma vie et je ne veux perdre aucun de mes souvenirs.

Les gens entrent dans nos vies et les gens les quittent, mais la plupart des gens nous laissent un souvenir.

J'ai beaucoup de souvenirs, et lorsque je regarde mes photos, les souvenirs reviennent en masse dans mon cerveau.

Je me souviens de comment étaient les gens quand ils étaient plus jeunes.

Je me souviens des vacances que j'ai prises.

Je me souviens de jours qui semblaient ordinaires à l'époque, mais on ne peut jamais revivre même les jours ordinaires.

Les souvenirs sont si précieux.

Chérissez vos souvenirs, et gardez-les dans un endroit proche de votre cœur.

Chapter 8 PARTIES- *fêtes*
Vocabulary Overview - Resumé de vocabulaire

Parties	Fêtes
Remembrance	Souvenir
To Fight	Combattre
World War	Guerre mondiale
Soldiers	Soldats
Candy	Surette
Potato Chips	Les frites
Trick	Trick
Theater	Théâtre
Ghost Costume	Costume de fantôme
To Be Scary	Etre Effrayant
Wand	Baguette magique
Crown	couronne
Pumpkin	Citrouille
To Draw	Dessin
To Carve	Sculpture
Knife	Couteau
Roof	Toit
Eggnog	Lait de poule
To Hang	Accrocher
Stockings	Bas / chaussette
Fireplace	Cheminée
String	Corde
Tinsel	Tinsel
Ornaments	Ornements
Wrapping Paper	Papier d'emballage
Holiday	Vacances

Ring	Bague
Firework	Feux d'artifice
Gift	Cadeau
Toy	Jouet
Hat	Chapeau
Streamers	Serpentin, banderole
Tenth	Dixième
Candle	Bougie
To Blow Out	Souffler
A Wish	Un souhait
To Wonder	A se demander
To Win	Pour gagner
Prize	Prix
To Swim	Pour nager
Bow	S'incliner
Mustard	Moutarde
Twinkle	Étincelle
Glow	Lueur
Wooden	En bois
Reindeer	Renne
Pudding	Pudding
To Afford	S'offrir le luxe

8.1 Remembrance Day
Le jour de la commémoration

My grandfather fought in World War II.	Mon grand-père a combattu pendant la Seconde Guerre mondiale.
My grandmother was a nurse in World War II.	Ma grand-mère était une infirmière pendant la Seconde Guerre mondiale.
Today is November 11th.	Aujourd'hui, nous sommes le 11 novembre.
Today is Remembrance Day.	C'est le jour du Souvenir.
Today we celebrate soldiers.	Aujourd'hui, nous célébrons les soldats.
Everyone wears a poppy.	Tout le monde porte un coquelicot.
Poppies are red flowers.	Les coquelicots sont des fleurs rouges.
Poppies remind me of my grandparents.	Les coquelicots me rappellent mes grands-parents.
Poppies remind me of their sacrifice.	Les coquelicots me rappellent leur sacrifice.
At 11:00 AM there are two minutes of silence.	À 11 h, il y a deux minutes de silence.
People remember their friends and family.	Les gens se souviennent de leurs amis et de leur famille.
People recite the poem **"In Flanders Field."**	Les gens récitent le poème **"In Flanders Field".**
It is a sad poem.	C'est un poème triste.
It helps us remember.	Il nous aide à nous souvenir.
Today we wish for peace in the world.	Aujourd'hui, nous souhaitons la paix dans le monde.

8.2   Halloween Night - *La nuit d'Halloween*

Halloween is fun.
My mom buys candy.
My Mom buys potato chips.
My Mom buys chocolate bars.

It is for the trick or treaters.
My Mom buys me a costume.
It is a ghost costume.
I am going to be scary.
My sister is going to dress up as a princess.
She will have a wand.
She will have a crown.
She will look beautiful.
My Dad buys a pumpkin.
It is going to be a Jack O'Lantern.
We draw a face on the pumpkin.

We carve the face with a knife.

Our Jack O'Lantern looks funny.
We go trick or treating.

We knock on the neighbor's door.
We say, **"trick or treat."**
Our neighbors give us candy.

Halloween est amusant.
Ma mère achète des bonbons.
Ma mère achète des chips.
Ma mère achète des barres de chocolat.
C'est pour les farces et attrapes.
Ma mère m'achète un costume.
 C'est un costume de fantôme.
Je vais être effrayante.
Ma soeur va se déguiser en princesse.
Elle aura une baguette.
Elle aura une couronne.
Elle sera très belle.
Mon père achète une citrouille.
Ce sera un Jack O'Lantern.
Nous dessinons un visage sur la citrouille.
 Nous sculptons le visage avec un couteau.
Notre Jack O'Lantern a l'air drôle.
Nous allons chercher des bonbons ou des friandises.
Nous frappons à la porte du voisin.
Nous disons **"farces et attrapes"**.
Nos voisins nous donnent des bonbons.

We say thanks.	Nous les remercions.
We go to many houses.	Nous allons dans plusieurs maisons.
We go home.	Nous rentrons à la maison.
Our parents check our candy.	Nos parents vérifient nos bonbons.
It's safe.	Ils sont sûrs.
We eat lots of candy.	Nous mangeons beaucoup de bonbons.
We don't feel very good.	Nous ne nous sentons pas très bien.
We go to bed.	Nous allons nous coucher.

8.3 Christmas Eve - *La veille de Noël*

Ben and Melissa are getting ready for Christmas.

Ben and Melissa's house has lots of lights on the roof.

The lights are many colors.

Inside they listen to Christmas music.

Ben and Melissa drink eggnog.

Eggnog tastes good.

Ben and Melissa hang stockings on the fireplace.

They string popcorn.

Ben and Melissa put the popcorn string on the Christmas tree.

They put Christmas lights on the tree.

They put tinsel on the tree.

Ben and Melissa put ornaments on the tree.

They put a star on top of the tree.

They get ready for Santa Claus.

Ben et Melissa se préparent pour Noël.

La maison de Ben et Melissa a beaucoup de lumières sur le toit.

Les lumières sont de plusieurs couleurs.

A l'intérieur, ils écoutent de la musique de Noël.

Ben et Melissa boivent du lait de poule.

Le lait de poule a bon goût.

Ben et Melissa accrochent des bas sur la cheminée.

Ils enfilent du pop-corn.

Ben et Melissa mettent la ficelle de pop-corn sur l'arbre de Noël.

Ils mettent des lumières de Noël sur l'arbre.

Ils mettent des guirlandes sur l'arbre.

Ben et Melissa mettent des ornements sur l'arbre.

Ils mettent une étoile au sommet de l'arbre.

Ils se préparent pour le Père Noël.

They leave milk and cookies for Santa.	Ils laissent du lait et des biscuits pour le Père Noël.
Ben opens one present.	Ben ouvre un cadeau.
Melissa opens one present.	Melissa ouvre un cadeau.
They go to sleep.	Ils vont se coucher.
Ben and Melissa wake up early.	Ben et Melissa se réveillent tôt.
They run down stairs.	Ils descendent les escaliers en courant.
There are a lot of presents under our tree.	Il y a beaucoup de cadeaux sous notre arbre.
They wake up their Mom and Dad.	Ils réveillent leur maman et leur papa.
Ben and Melissa open their presents.	Ben et Melissa ouvrent leurs cadeaux.
They love our presents.	Ils adorent nos cadeaux.
Everyone cleans up the wrapping paper.	Tout le monde nettoie le papier d'emballage.
It is time for breakfast.	C'est l'heure du petit déjeuner.

8.3 Holidays - *Les jours fériés*

In Canada, we have many different days that we celebrate.

On the first day of January, there is New Year's Day.
That is when we ring in the New Year, and say goodbye to the old year.

In February, there is Valentine's Day.
That is the day when you tell your girlfriend or boyfriend that you love them.
You can buy them flowers or candy, or take them out to dinner.
In March, there is Saint Patrick's Day.
Everyone pretends that they are Irish on Saint Patrick's day.

They all wear green.
Easter comes in the spring.
Easter is a religious holiday.
Some people celebrate by going to church.

Au Canada, nous avons beaucoup de jours différents que nous célébrons.
Le premier jour de janvier, il y a le jour de l'an.
C'est à cette occasion que nous célébrons la nouvelle année et que nous disons au revoir à l'année précédente.
En février, c'est la Saint-Valentin.

C'est le jour où vous dites à votre petite amie ou petit ami que vous l'aimez.
Vous pouvez lui acheter des fleurs ou des bonbons, ou l'inviter à dîner.
En mars, c'est la Saint-Patrick.

Tout le monde fait semblant d'être irlandais le jour de la Saint-Patrick.
Ils portent tous du vert.
Pâques arrive au printemps.
Pâques est une fête religieuse.
Certaines personnes la célèbrent en allant à l'église.

Some people think that the Easter bunny comes and leaves chocolate eggs for them.

In May, there is Victoria Day.

We celebrate this day in honor of England's Queen Victoria.

There are fireworks on Victoria Day.

July the first is Canada Day.

In September, there is Labor Day.

This is the day that we honor the working man or woman.

In October, there is Thanksgiving.

We give thanks for all the things that we are fortunate enough to have.

We usually have a turkey dinner on Thanksgiving Day.

On the last day of October, there is Halloween.

The children dress up in costumes, and go from door to door collecting candies.

Remembrance Day is in November.

Certaines personnes pensent que le lapin de Pâques vient et laisse des œufs en chocolat pour eux.

En mai, il y a la fête de Victoria

Nous célébrons cette journée en l'honneur de la reine Victoria d'Angleterre.

Il y a des feux d'artifice le jour de la fête de Victoria.

Le premier juillet est la fête du Canada.

En septembre, c'est la fête du travail.

C'est le jour où nous honorons l'homme ou la femme qui travaille.

En octobre, c'est l'Action de grâce.

Nous rendons grâce pour tout ce que nous avons la chance d'avoir.

Nous mangeons généralement de la dinde le jour de l'Action de grâce.

Le dernier jour d'octobre, il y a Halloween.

Les enfants se déguisent et vont de porte en porte pour collecter des bonbons.

Le jour du Souvenir est en novembre.

People wear red poppies, and they remember all the people that died for their country.

Christmas comes in December. Christmas is also a religious holiday, but many children believe that Santa Claus arrives on Christmas Eve in a sleigh pulled by reindeer.
They believe that Santa Claus fills up their stockings with toys and goodies.
He gets in and out of people's houses through their chimneys.

We don't get off work or school for all of these days, but many of them are holidays from work and school.

Les gens portent des coquelicots rouges et se souviennent de tous ceux qui sont morts pour leur pays.
Noël a lieu en décembre Noël est également une fête religieuse, mais de nombreux enfants croient que le Père Noël arrive la veille de Noël dans un traîneau tiré par des rennes.
Ils croient que le Père Noël remplit leurs bas de Noël de jouets et de friandises.
Il entre et sort des maisons des gens par les cheminées.

Nous n'avons pas congé du travail ou de l'école pour tous ces jours, mais beaucoup d'entre eux sont des vacances du travail et de l'école.

8.5 Parties - *Les fêtes*

Parties can be a lot of fun.	Les fêtes peuvent être très amusantes.
People get invited to parties.	Les gens sont invités à des fêtes.
You can have a party because it is a special occasion, or just because you want to have a party.	On peut faire une fête parce que c'est une occasion spéciale, ou simplement parce qu'on a envie de faire une fête.
Sometimes, people wear paper hats at parties.	Parfois, les gens portent des chapeaux en papier lors des fêtes.
These are called party hats.	On les appelle des chapeaux de fête.
Some people decorate with streamers and balloons.	Certaines personnes décorent avec des banderoles et des ballons.
At some parties, there is a cake.	Dans certaines fêtes, il y a un gâteau.
Sometimes, there are just snacks and drinks.	Parfois, il n'y a que des collations et des boissons.
At some parties, people play games.	Dans certaines fêtes, les gens jouent à des jeux.
There are also parties where people just stand around and talk.	Il y a aussi des fêtes où les gens restent debout et parlent.
People wear different things to parties.	Les gens portent des vêtements différents lors des fêtes.
You can go to some parties in casual clothes.	Vous pouvez aller à certaines fêtes en vêtements décontractés.
At other parties, you need to be dressed up in good clothes.	Dans d'autres, il faut être bien habillé.

There are other parties where you are supposed to wear a costume.	Il y a d'autres fêtes où l'on est censé porter un costume.
There are many different kinds of parties.	Il existe de nombreux types de fêtes différentes.
There are Christmas parties, birthday parties, going away parties, and parties for no reason at all.	Il y a des fêtes de Noël, des fêtes d'anniversaire, des fêtes de départ et des fêtes sans raison.
I have been to parties for people who are retiring, or for people who have just had a new baby.	Je suis allée à des fêtes pour des personnes qui partent à la retraite ou pour des personnes qui viennent d'avoir un nouveau bébé.
There are hundreds of reasons for having a party.	Il existe des centaines de raisons pour organiser une fête.
At some parties, you take a gift.	À certaines fêtes, on apporte un cadeau.
If it is a birthday party, then you take a gift and a birthday card to the person who is having the birthday.	Si c'est une fête d'anniversaire, on apporte un cadeau et une carte d'anniversaire à la personne qui fête son anniversaire.
Sometimes, people will ask you to bring food or drinks to the party.	Parfois, les gens vous demandent d'apporter de la nourriture ou des boissons à la fête.
All parties are different. It is nice to be invited to parties.	Toutes les fêtes sont différentes. Il est agréable d'être invité à des fêtes.

8.6 The Birthday Party - *La fête d'anniversaire*

Yesterday I went to a birthday party.	Hier, je suis allée à une fête d'anniversaire.
My friend Jane had her tenth birthday.	Mon amie Jane fêtait son dixième anniversaire.
Her house was decorated with balloons and streamers.	Sa maison était décorée de ballons et de serpentins.
Her mother had baked a big birthday cake.	Sa mère avait préparé un gros gâteau d'anniversaire.
The cake had **"Happy tenth birthday Jane"** written on it.	Sur le gâteau, il y avait écrit **"Joyeux dixième anniversaire Jane".**
There were ten candles on the cake.	Il y avait dix bougies sur le gâteau.
Jane blew out the candles and made a wish.	Jane a soufflé les bougies et fait un vœu.
I wonder what she wished for.	Je me demande ce qu'elle a souhaité.
Your wish won't come true if you tell anyone what it was.	Ton souhait ne se réalisera pas si tu dis à quelqu'un ce qu'il était.
We sang **"Happy birthday to you."**	Nous avons chanté **"Happy birthday to you".**
At the party we played some games.	À la fête, nous avons joué à des jeux.
I won one of games so I got a prize.	J'ai gagné un des jeux et j'ai eu un prix.
We also swam in Jane's swimming pool.	Nous avons aussi nagé dans la piscine de Jane.
Jane opened her gifts.	Jane a ouvert ses cadeaux.
Her gifts were wrapped in bright paper and bows.	Ses cadeaux étaient emballés dans du papier brillant et avec des nœuds.

She got lots of nice gifts.	Elle a reçu beaucoup de beaux cadeaux.
She got some compact discs, some clothes and some computer games.	Elle a reçu des disques compacts, des vêtements et des jeux d'ordinateur.
Jane thanked everyone.	Jane a remercié tout le monde.
We ate a lot of food at Jane's party.	Nous avons mangé beaucoup de nourriture à la fête de Jane.
We had hot dogs.	Nous avons mangé des hot-dogs.
I put mustard and ketchup on my hot dog.	J'ai mis de la moutarde et du ketchup sur mon hot-dog.
Then we ate cake and ice cream.	Puis nous avons mangé du gâteau et de la crème glacée.
We had pop to drink.	Nous avons bu des boissons gazeuses.
I think I had too much cake and ice cream.	Je pense que j'ai mangé trop de gâteau et de crème glacée.
I was very full by the time the party was over.	J'étais très rassasiée à la fin de la fête.
We thanked Jane and her mother before we all went home.	Nous avons remercié Jane et sa mère avant de rentrer chez nous.
It was a very good party.	C'était une très bonne fête.
Everyone had a good time.	Tout le monde s'est amusé.
I hope Jane had a happy tenth birthday.	J'espère que Jane a eu un bon dixième anniversaire.

8.7 Christmas - *Noël*

In December, Christmas comes.
We get a holiday from school,
and our parents get a few days
off from work.
Our family gets ready for
Christmas by decorating the
house.
We decorate inside and out.

On the outside of the house we
put up lights that twinkle and
glow.
We have a wooden Santa Claus
and reindeer set that my father
puts up on the roof.
Inside, we put up a Christmas
tree.
Some years we have a real tree.

Real pine trees smell nice, but
you have to be careful that they
don't dry out and start a fire.

This year we have an artificial
tree.
We hang tinsel and ornaments
on the tree.
We also hang strands of lights on
the tree and put a star at the top.

En décembre, c'est Noël.
Nous avons un congé de l'école,
et nos parents ont quelques jours
de congé du travail.
Notre famille se prépare à Noël
en décorant la maison.

Nous décorons l'intérieur et
l'extérieur.
À l'extérieur de la maison, nous
installons des lumières qui
scintillent et brillent.
Nous avons un ensemble Père
Noël et rennes en bois que mon
père installe sur le toit.
À l'intérieur, nous installons un
sapin de Noël.
 Certaines années, nous avons un
vrai sapin.
Les vrais sapins sentent bon,
mais il faut faire attention à ce
qu'ils ne sèchent pas et ne
mettent pas le feu.
Cette année, nous avons un sapin
artificiel.
Nous accrochons des guirlandes
et des ornements sur l'arbre.
Nous accrochons aussi des
guirlandes lumineuses et nous
mettons une étoile en haut de
l'arbre.

Everyone thinks that the tree is beautiful when we turn on the lights.
We place gifts under the tree.

There is a gift for me under the tree.
It is wrapped in red paper, and it has a big green bow on it.

Red and green are the Christmas colors.
On Christmas Eve, my brother and sister and I will hang our stockings near the fireplace.
Santa Claus comes down the chimney and fills our stockings full of toys and goodies.
On Christmas morning, it is exciting to see what Santa has left for you.
My mother will make a big turkey dinner for us on Christmas day.
We will have lots of vegetables and good tasting foods to go with the turkey.
We will have dessert too.
Some of my family like Christmas pudding, but I will just have ice cream.

Tout le monde trouve que l'arbre est beau quand on allume les lumières.
Nous plaçons des cadeaux sous l'arbre.

Il y a un cadeau pour moi sous l'arbre.
Il est emballé dans du papier rouge et il y a un gros nœud vert dessus.

Le rouge et le vert sont les couleurs de Noël.
La veille de Noël, mon frère, ma sœur et moi accrochons nos bas près de la cheminée.
Le Père Noël descend par la cheminée et remplit nos bas de jouets et de friandises.
Le matin de Noël, c'est excitant de voir ce que le Père Noël a laissé pour nous.
Le jour de Noël, ma mère nous préparera un gros repas de dinde.
Nous aurons beaucoup de légumes et d'aliments savoureux pour accompagner la dinde.
Nous aurons aussi un dessert.
Certains membres de ma famille aiment le pudding de Noël, mais moi, je n'aurai que de la glace.

Last year some carolers came to the door.
It was snowing outside.
They stood in the snow and sang Christmas carols to us.

My father gave them some money, and my mother gave them some hot chocolate to warm them up.
They had lovely voices, and they sang some of my favorite carols.

We also collect food, gifts and money for some of the people in town who cannot afford to have Christmas.

My family is collecting things for a poor family who live near here.

We had fun deciding which toys to buy for the children in that family.
It is a good feeling to share with people who do not have as much as you do.
My parents have always taught us that Christmas is a time for giving, not receiving.

I think they're right.

L'année dernière, des chanteurs de Noël sont venus à notre porte.
Il neigeait dehors.
Ils sont restés debout dans la neige et ont chanté des chants de Noël pour nous.

Mon père leur a donné de l'argent, et ma mère leur a donné du chocolat chaud pour les réchauffer.
Ils avaient de belles voix et ils ont chanté certains de mes chants préférés.

Nous collectons également de la nourriture, des cadeaux et de l'argent pour certaines personnes en ville qui ne peuvent pas se permettre de fêter Noël.

Ma famille collecte des choses pour une famille pauvre qui vit près d'ici.

Nous nous sommes amusés à choisir les jouets à acheter pour les enfants de cette famille.
C'est un bon sentiment de partager avec des gens qui n'ont pas autant que nous.
Mes parents nous ont toujours appris que Noël était une période où il fallait donner, et non recevoir.

Je pense qu'ils ont raison.

Chapter 9 ANIMALS - *Animaux*
Vocabulary Overview - Resumé de vocabulaire

Pet	Animal de compagnie
Cat	Chat
Paw	Patte
Fur	Fourrure
Soft	Soft
Kitten	Chaton
Hunt	Chasse
Birds	Oiseaux
Lap	Dos
Dog	Chien
Fish	Poisson
Hug	Câlin
Parrots	Perroquet
Bird Cages	Cages à oiseaux
Water	Eau
Tank Fish Bowl	Aquarium
Guineapig	Cochon d'Inde
Ferret	Furet
Lizard	Lézard
Cricket	Cricket
Pet Snake	serpent de compagnie
Small Labrador	Petit Labrador
Retriever Poodle	Caniche (le laineux)
Noisy	Bruyant
Bark	Aboyer

Quiet	Calme
Obedient	Obéissant
Responsible	Responsable
Wild Animals	animaux sauvages
Cage	Cage
Home	Maison
Jungle	Jungle
Plain	Plaines
Lions	Lions
Beast	Bête
Mighty	Puissant
To Roar	Rugir
Loudly	Son
Giraffe	Girafe
Neck	Cou
Leaves	Feuilles
Elephant	Éléphant
Large	Big
Trunk	Tronc
Tusks	Défenses
Tiger	Tigre
Stripe	Rayure
Beak	Le bec
Polar Bears	Ours polaires
Kangaroo	Kangourou
Wolf	Loup
Fox	renard

Monkey	Singe
Squirrels	Écureuil
Raccoon	Raton laveur
Chipmunk	Écureuil
Deer	Cerf
Zoo	zoo
Termite	Termite
Spider	Araignée
Fly	Volant
Germ	Germes
Insect	Insectes
Web	Web
Ant	Fourmi
Bee	Abeille
Get Stung	Être piqué
Caterpillar	Caterpillar
Butter Fly	Papillon
Grasshopper	Sauterelle
Cricket	Cricket
Dragonfly	Libellule
Ladybug	Coccinelle
Beetle	Coccinelle
Cockroach	Cafards
Centipede	Mille-pattes
Flea	Puces
Mosquito	Moustique
Pet Store	Animalerie

Dog Food	Aliments pour chiens
Collar	Collier
Leash	Laisse
Brush	Brosse
Toy	Jouet
Litter	Litière
Litter Box	Bac à litière
Seed	Semences
Cage	Cage
Tank	Réservoir
Bowl	Bol
Gold Fish	Poisson rouge
Net	Net
Puppy	Chiot
Tail	Queue
Trip	Voyage
Pace	Rythme
Restless	Agité
Surprise	Surprise.

9.1 My First Pet –
Mon premier animal de compagnie

My name is Sarah.	Je m'appelle Sarah.
I am 14 years old.	J'ai 14 ans.
I have a pet cat.	J'ai un chat de compagnie.
My cat's name is Milo.	Mon chat s'appelle Milo.
My cat is black and white.	Mon chat est noir et blanc.
Milo's paws are white.	Les pattes de Milo sont blanches.
Milo's body is black.	Le corps de Milo est noir.
She is very cute.	Il est très mignon.
Milo's fur is very soft.	La fourrure de Milo est très douce.
Milo was a very small kitten.	Milo était un tout petit chaton.
Milo is a very big cat.	Milo est un très gros chat.
Milo cannot have kittens.	Milo ne peut pas avoir de chatons.
She is fixed.	Elle est fixé.
Milo likes to eat.	Milo aime manger.
Milo likes to play outside Milo.	Milo aime jouer dehors
likes to hunt for birds.	Milo aime chasser les oiseaux.
Milo likes to hunt for mice.	Milo aime chasser les souris.
She likes her ears scratched.	Elle aime se faire gratter les oreilles.
Milo likes to sit in my lap.	Milo aime s'asseoir sur mes genoux.
Milo likes to sleep on my bed.	Milo aime dormir sur mon lit.
Milo is a good pet.	Milo est un bon animal de compagnie.

9.2 Pets - *Les animaux de compagnie*

There are many different animals that you can have for pets.	Il existe de nombreux animaux différents que vous pouvez avoir comme animaux de compagnie.
The most common pets are cats and dogs.	Les animaux de compagnie les plus courants sont les chats et les chiens.
I think the second most common pets are birds and fish.	Je pense que les deuxièmes animaux de compagnie les plus courants sont les oiseaux et les poissons.
You can hug a cat or a dog.	On peut faire un câlin à un chat ou à un chien.
You can play with a cat or a dog, but it is difficult to play with a bird or a fish.	On peut jouer avec un chat ou un chien, mais il est difficile de jouer avec un oiseau ou un poisson.
Some birds are very smart, and they can be taught to do things.	Certains oiseaux sont très intelligents, et on peut leur apprendre à faire des choses.
Parrots are very clever.	Les perroquets sont très intelligents.
Some of them even talk.	Certains d'entre eux parlent même.
Birds usually stay in birdcages.	Les oiseaux restent généralement dans des cages à oiseaux.
Fish have to stay in the water in a tank or a fishbowl.	Les poissons doivent rester dans l'eau, dans un réservoir ou un bocal à poissons.

Some people have gerbils or guinea pigs as pets.	Certaines personnes ont des gerbilles ou des cochons d'Inde comme animaux de compagnie.
There are even people who have ferrets as pets.	Il y a même des gens qui ont des furets comme animaux de compagnie.
I have a friend who has a lizard for a pet.	J'ai une amie qui a un lézard comme animal de compagnie.
She has to buy live crickets for her lizard to eat.	Elle doit acheter des grillons vivants pour que son lézard les mange.
Another friend of mine has a pet snake.	Une autre de mes amies a un serpent comme animal de compagnie.
I don't think I would like to have a pet snake.	Je ne pense pas que j'aimerais avoir un serpent comme animal de compagnie.
There are different types of dogs.	Il y a différents types de chiens.
Some dogs are very big, and some are small.	Certains chiens sont très grands, d'autres sont petits.
A Labrador retriever is a big dog.	Un labrador est un gros chien.
A poodle is usually a small dog, although there are some large poodles.	Un caniche est généralement un petit chien, bien qu'il existe des caniches de grande taille.
Some dogs are noisy, and they bark a lot.	Certains chiens sont bruyants et aboient beaucoup.
Other dogs are quiet and obedient.	D'autres chiens sont calmes et obéissants.
I once had a dog.	**J'ai déjà eu un chien.**
It was a cocker spaniel.	C'était un cocker.
I used to take it for walks.	J'avais l'habitude de le promener.
There are different types of cats too.	Il y a aussi différentes sortes de chats.

My favorite type of cat is a Siamese cat.	Mon type de chat préféré est le chat siamois.
Siamese cats have blue eyes.	Les chats siamois ont les yeux bleus.
My mother had a Persian cat.	Ma mère avait un chat persan.
It was very furry.	Il était très poilu.
My mother said that it used to shed fur all over the house.	Ma mère m'a dit qu'il perdait ses poils partout dans la maison.
Pets are a lot of fun, but they are a lot of work too.	Les animaux de compagnie sont très amusants, mais ils représentent aussi beaucoup de travail.
To be a good pet owner, you have to be very Responsible	Pour être un bon propriétaire d'animaux, il faut être très responsable.

9.3 Wild Animals - *Les animaux sauvages*

Some animals are wild.
They don't live in homes or cages.
They live in jungles or on plains.

The lion is the king of the beasts.
He is very mighty.
He roars loudly.
The giraffe has a long neck.
He eats leaves from the tallest trees.
The elephant is very large.
He has a trunk and two tusks.
A tiger has stripes.
Some bears are black, and some are brown.
There are even white bears called polar bears.
A kangaroo lives in Australia.
That is the only place that you would find a kangaroo, except in a zoo.
It might be frightening to run into a wolf or a fox.
Monkeys run and play in the trees.
In Canada, we don't see lions, tigers, giraffes or monkeys running wild.

Certains animaux sont sauvages.
Ils ne vivent pas dans des maisons ou des cages.
Ils vivent dans la jungle ou dans les plaines.
Le lion est le roi des bêtes.
Il est très puissant.
Il rugit très fort.
La girafe a un long cou.
Elle mange les feuilles des plus grands arbres.
L'éléphant est très grand.
Il a une trompe et deux défenses.
Le tigre a des rayures.
Certains ours sont noirs, d'autres bruns.
Il y a même des ours blancs appelés ours polaires.
Le kangourou vit en Australie.
C'est le seul endroit où l'on peut trouver un kangourou, sauf dans un zoo.
Il peut être effrayant de croiser un loup ou un renard.
Les singes courent et jouent dans les arbres.
Au Canada, nous ne voyons pas de lions, de tigres, de girafes ou de singes en liberté.

There are squirrels in my back yard.	Il y a des écureuils dans ma cour arrière.
Sometimes, I see a raccoon or a chipmunk.	Parfois, je vois un raton laveur ou un tamia.
In northern Ontario, you might see a moose or a bear.	Dans le nord de l'Ontario, on peut voir un élan ou un ours.
I have seen a deer in the forest.	J'ai déjà vu un chevreuil dans la forêt.
There are many wild animals.	Il y a beaucoup d'animaux sauvages.
You can see wild animals if you go to the zoo.	Tu peux voir des animaux sauvages si tu vas au zoo..

9.4 Bugs - *Les insectes*

Many people are afraid of bugs.

Some bugs do bad things like eating crops or clothes.

Some bugs, such as termites, even eat wood.
Other bugs can be good.

Spiders catch flies.

Flies are not good because they carry germs.

Insects get caught in the web that the spider builds.
Ants get into homes and eat food.

Bees are good because honey comes from bees.
It is not good if you get stung by a bee.
A caterpillar turns into a butterfly.
Butterflies can be very beautiful.

Beaucoup de gens ont peur des insectes.

Certains insectes font de mauvaises choses comme manger les récoltes ou les vêtements.

Certains insectes, comme les termites, mangent même le bois.
D'autres insectes peuvent être utiles.

Les araignées attrapent les mouches.

Les mouches ne sont pas bonnes car elles transportent des microbes.

Les insectes se prennent dans la toile que construit l'araignée.
 Les fourmis entrent dans les maisons et mangent la nourriture.

Les abeilles sont bonnes parce que le miel vient des abeilles.
Ce n'est pas bon si on se fait piquer par une abeille.
Une chenille se transforme en papillon.
Les papillons peuvent être très beaux.

You can find grasshoppers outside on a sunny day.	Tu peux trouver des sauterelles dehors par une journée ensoleillée.
Grasshoppers hop through the grass.	Les sauterelles sautent dans l'herbe.
Crickets make a noise by rubbing their legs together.	Les grillons font du bruit en frottant leurs pattes l'une contre l'autre.
Dragonflies usually live near water.	Les libellules vivent généralement près de l'eau.
They have large, colorful wings.	Elles ont de grandes ailes colorées.
Ladybugs are red with little black dots.	Les coccinelles sont rouges avec des petits points noirs.
There are many types of beetles.	Il existe de nombreuses espèces de scarabées.
Nobody wants to have cockroaches in their house.	Personne ne veut avoir des cafards dans sa maison.
Centipedes have many legs.	Les mille-pattes ont de nombreuses pattes.
Fleas get onto your pets and bite them.	Les puces montent sur vos animaux domestiques et les mordent.
They make your dog or cat itchy.	Elles provoquent des démangeaisons chez votre chien ou votre chat.
Mosquitoes can make you itchy when they bite you.	Les moustiques peuvent te démanger lorsqu'ils te piquent.
Have you ever had a mosquito bite?	¿As-tu déjà été piqué par un moustique?

9.5 The Pet Store - *L'animalerie*

On Saturday, my parents took us to the pet store.	Samedi, mes parents nous ont emmenés à l'animalerie.
They had everything that you would need if you had a pet.	Ils avaient tout ce dont on pouvait avoir besoin si on avait un animal de compagnie.
They had dog food, collars and leashes for dogs.	Ils avaient de la nourriture pour chiens, des colliers et des laisses pour chiens.
They had treats to give your dog, and brushes to brush your dog.	Ils avaient des friandises à donner à votre chien, et des brosses pour le brosser.
For cats, they had food, toys, and litter boxes.	Pour les chats, ils avaient de la nourriture, des jouets et des bacs à litière.
For birds, they had seed and cages.	Pour les oiseaux, ils avaient des graines et des cages.
There was a section for fish.	Il y avait une section pour les poissons.
They had fish in big tanks and little bowls.	Il y avait des poissons dans de grands réservoirs et des petits bols.
In the big tanks, there were colorful fish swimming around.	Dans les grands réservoirs, il y avait des poissons colorés qui nageaient partout.
The girl who worked there said that they were tropical fish.	La fille qui travaillait là a dit que c'était des poissons tropicaux.
There were goldfish in the smaller fishbowls.	Il y avait des poissons rouges dans les petits bols à poissons.

I saw the girl get a goldfish out with a little net.
She sold it to a boy who said he had another goldfish at home.

There was a very large cage with a parrot in it.
I walked up to the cage, and the parrot said **"hello."**
I was surprised that the parrot could talk.
It could say a few things.
It said, **"I love you," "pretty bird,"** and **"bye-bye."**
I told my mother that I would like a parrot, but she said that parrots need a lot of care and attention.

At the back of the store there were some puppies.
They seemed glad to see me.

I stuck my hand into the cage, and one of them licked my hand.
They were very lively.
They were running around and chasing their own tails.
In the next cage there were two kittens.

J'ai vu la fille sortir un poisson rouge avec un petit filet.
Elle l'a vendu à un garçon qui a dit qu'il avait un autre poisson rouge à la maison.

Il y avait une très grande cage avec un perroquet dedans.
Je me suis approché de la cage, et le perroquet m'a dit **"bonjour"**.
J'ai été surpris que le perroquet puisse parler.
 Il pouvait dire quelques trucs.
Il a dit **"je t'aime", "joli oiseau"** et **"au revoir"**.
J'ai dit à ma mère que j'aimerais avoir un perroquet, mais elle a dit que les perroquets avaient besoin de beaucoup de soins et d'attention.

Au fond du magasin, il y avait des chiots.
 Ils semblaient heureux de me voir.

J'ai mis ma main dans la cage, et l'un d'eux a léché ma main.
Ils étaient très vifs.
Ils couraient partout et couraient après leur propre queue.
Dans la cage voisine, il y avait deux chatons.

One of them was playing with a toy, and the other one was asleep.

The kittens were very small.

The one that was sleeping was curled up into a ball.

I couldn't even see her face.

I didn't want to leave the pet store.

I was wishing that I could take all of the animals home with me.

L'un d'eux jouait avec un jouet, et l'autre dormait.

Les chatons sont très petits.

Celui qui dormait était recroquevillé en boule.

Je ne pouvais même pas voir son visage.

Je ne voulais pas quitter l'animalerie.

J'espérais pouvoir emmener tous les animaux chez moi.

9.6 The Zoo - Le zoo

My class took a trip to the Toronto Zoo.
I had a wonderful time there.

My favorite animals were the lions.
They look very powerful and strong.
They say that the lion is the king of the forest, and I think that title suits him.
The monkeys were funny.
They were looking at us just as much as we looked at them.
They were swinging from branches and doing tricks to impress us.
There was a baby monkey that was clinging to its mother's back. It was very cute.
The tigers were pacing back and forth.
They seemed restless.
The stripes on a tiger are very beautiful.
We watched the tall giraffes as they nibbled leaves off the tallest trees.

Ma classe a fait une excursion au zoo de Toronto.
J'ai passé un moment merveilleux là-bas.

Mes animaux préférés étaient les lions.
Ils ont l'air très puissants et forts.

On dit que le lion est le roi de la forêt, et je pense que ce titre lui va bien.
Les singes étaient amusants.
Ils nous regardaient autant que nous les regardions.
Ils se balançaient sur les branches et faisaient des tours pour nous impressionner.
Il y avait un bébé singe qui s'accrochait au dos de sa mère. Il était très mignon.
Les tigres faisaient les cent pas d'avant en arrière.
Ils semblaient agités.
Les rayures d'un tigre sont très belles.
Nous avons observé les grandes girafes qui grignotaient les feuilles des plus grands arbres.

We spoke to a colorful parrot that spoke back to us.	Nous avons parlé à un perroquet coloré qui nous a répondu.
We saw exotic animals that we had never seen before.	Nous avons vu des animaux exotiques que nous n'avions jamais vus auparavant.
Some of them were very strange.	Certains d'entre eux étaient très étranges.
There were different types of bears there.	Il y avait différentes sortes d'ours.
There were black bears.	Il y avait des ours noirs.
I saw a black bear once when I was camping up north.	J'ai vu un ours noir une fois quand je campais dans le nord.
We saw polar bears.	Nous avons vu des ours polaires.
Polar bears are white.	Les ours polaires sont blancs.
They like the cold.	Ils aiment le froid.
We even saw panda bears.	Nous avons même vu des pandas.
One of my friends bought a toy panda bear from the gift shop because she thought that the pandas were so cute.	Une de mes amies a acheté un panda en peluche à la boutique de souvenirs parce qu'elle trouvait les pandas trop mignons.
We saw slithery snakes.	Nous avons vu des serpents à coulisse.
Some of the snakes had very bright skins.	Certains de ces serpents avaient une peau très brillante.
Most of the girls were afraid of the snakes.	La plupart des filles avaient peur des serpents.
The zoo keeper was looking after the snakes, and one of them hissed at him.	Le gardien du zoo s'occupait des serpents, et l'un d'eux lui a sifflé dessus.
He has to be very careful when he works with the snakes.	Il doit faire très attention quand il travaille avec les serpents.

The last thing that we saw at the zoo was the elephant.	La dernière chose que nous avons vue au zoo était l'éléphant.
He was enormous.	Il était énorme.
He looked at us; then he raised his trunk and made a loud sound.	Il nous a regardés, puis il a levé sa trompe et a fait un grand bruit.
It made us jump.	Cela nous a fait sursauter.

9.7 A Surprise – *Une surprise*

Last Friday my dad came home from work and said that he had a surprise for us.

We tried to guess what the surprise might be.

My brother guessed that we were going out for dinner.

My dad said **"no."**

My other brother asked if my father had tickets to a hockey game.

My dad said **"no."**

My sister asked if we were going on a trip.

My dad said **"no."**

My mother knew what the surprise was, so she just stood and smiled at us.

I guessed that we might be getting a swimming pool.

My dad said **"no."**

We were getting very frustrated trying to guess what the surprise might be.

My brother asked how big the surprise was.

Vendredi dernier, mon père est rentré du travail et a dit qu'il avait une surprise pour nous.

Nous avons essayé de deviner ce que pouvait être cette surprise.

Mon frère a deviné que nous allions sortir pour dîner.

Mon père a répondu "**non**".

Mon autre frère a demandé si mon père avait des billets pour un match de hockey.

Mon père a répondu "**non**".

Ma soeur a demandé si on partait en voyage.

Mon père a dit "**non**".

Ma mère savait quelle était la surprise, alors elle est restée debout et nous a souri.

J'ai deviné qu'on allait peut-être avoir une piscine.

Mon père a dit "**non**".

Nous étions très frustrés d'essayer de deviner ce que pouvait être la surprise.

Mon frère a demandé quelle était l'ampleur de la surprise.

My dad said that the surprise was quite small.	Mon père a répondu qu'elle était plutôt petite.
We were not sure what the surprise could be.	Nous n'étions pas sûrs de ce que pouvait être la surprise.
"Will we all like it?" I asked.	**"Est-ce qu'on va tous l'aimer?"** J'ai demandé.
"Yes" my dad replied.	**"Oui**, a répondu mon père.
Every one of you will love this surprise.	Chacun d'entre vous va adorer cette surprise.
We heard a noise.	Nous avons entendu un bruit.
It was a crying noise.	C'était un bruit de pleurs.
"Your surprise wants to see you," my dad said.	**"Votre surprise veut vous voir"**, a dit mon père.
He opened the door to the bedroom, and a tiny puppy came running out.	Il a ouvert la porte de la chambre, et un petit chiot est sorti en courant.
We were all very excited.	On était tous très excités.
Our surprise was a puppy.	Notre surprise était un chiot.
It was a little baby spaniel.	C'était un petit bébé épagneul.
The puppy loved all of us.	Le chiot nous aimait tous.
She ran around and licked all of our faces.	Il courait partout et nous léchait tous le visage.
We had always wanted a dog.	Nous avions toujours voulu un chien.
We take turns feeding the puppy and taking her out for walks.	Nous nous relayons pour nourrir le chiot et l'emmener en promenade.
She is growing quickly and will soon be an adult dog.	Il grandit rapidement et sera bientôt un chien adulte.
We all agree that the puppy was the nicest surprise that my dad could have given us.	Nous sommes tous d'accord pour dire que le chiot est la plus belle surprise que mon père ait pu nous faire.

Chapter 10 JOB- Travail
Vocabulary Overview- Resumé de vocabulaire

Firefighter	Pompier
Female	Femme
Exercise	Exercice
To Lift	Soulever
Weight	Poids
Muscles	Muscles
Strong	Fort
Save	Sauvez
Doctor	Docteur
Nurse	Infirmière
Hospital	Hôpital
Put-Out .	Éteindre
Fire	Feu
Policemen	Police
Actor	Acteur
Stage	Scène
Movie	Film
Taxi	Taxi
Pilot	Pilote
Drive	Conduite
Sales Clerk	Vendeur
Store	Boutique
Player	Joueur
Baseball Player	Joueur de baseball
Hockey Player	Joueur de hockey
Dentist	Dentiste
Teeth	Dents

Lawyer	Avocat
Hairdresser	Coiffeur
Barber	Barbier
Carpenter	Charpentier
Mechanic	Mécanicien
Travel	Voyage
Stewardess	Hôtesse
Travel Agent	Agent de voyage
Teacher	Enseignant
Photographer	Photographe
Artistic	Artistique
Creative	Créatif
Artist	Artiste
Writer	Écrivain
Build	Bâtiment
Veterinarian	Vétérinaire
To Cook	Cuisiner
A Cook	Un cuisinier
A Chef	Un chef
Fix	Réparation
Computers	Ordinateurs
Library	Bibliothèque
Captain Ship	Capitaine du navire
Office	Bureau
Tools	Outils
Wash	Laver
Telephone	Téléphone
Secretary	Secrétaire
Answer	Réponse
Desk	Bureau
Note Pad	Bloc-notes
Stapler	Agrafeuse

To Staple	Agrafer
Photocopier	Photocopieur
Copy	Copie
Pencil Sharpener	Taille-crayon
To Sharpen	Affiner
Water Cooler	Refroidisseur d'eau
Hole Punch	Perforateur
Liquid Paper	Papier liquide
To Blank-Out	Papier vierge
Employee	Employé
Desk	Bureau
Receptionist	Réceptionniste
Boss	Boss / patron
Document	Document
Fill-Out	Remplir
A Form	Un formulaire
Fill With Information	Remplir d'Information
Doctor	Médecin
Feel Well	Se sentir bien
To Have a Sore Throat	Avoir mal à la gorge
White Jacket	Veste blanche
Tonsils	Mal de gorge
A Light	Une lumière
Ears	Oreilles
A Stick	Un bâton
Tongue	Langue
Shine	Briller
Red Neck	Cou rouge
Temperature	Température
Heart	Cœur
Cough	Toux

As Question	Comme question
To Do Test	Effectuer le test
Take Out Blood Of	Prélever du sang de
Scared	Effrayé,e/Craintif ,ve
Hurt	Blessé / faire mal
Pills	Pilules
Take Pills	Prendre des pilules
Fluid	Fluide
To Get Plenty of Sleep	Dormir Suffisamment
Dentist	Dentiste
Go to See a Doctor	Consulter un médecin
To Tie	Cravate
Bib	Bavette
Chin	Menton
Examine	Examiner
Silver Tools	Outils en argent
Front Teeth	Dents de devant
Back Teeth	Dents
Molar	Molaire
Open Wide	Grand ouvert
Mirror	Miroir
Cavity	Cavité
Eat Candy	Manger des bonbons
Dental Floss	Fil dentaire
Floss One's Teeth	Utiliser du fil dentaire
Brush My Teeth	Je me brosse les dents
Healthy Sharp Tool	Un outil tranchant et sain
Put Polish On	polir

Rinse Out	Rincer
To Smile	Sourire
Grocery Store	Épicerie
A Pay Cheque	Un chèque de salaire
Cheque Brit. Check USA	chèque
To Wear	Porter
Uniform	Uniforme
To Collect	Collecter
Cart	Voiture
Parking Lot	Parking
Bring Into	Apporter
Back Into	Retour a
Produce	Produits
Carrot	Carotte
Lettuce	Laitue
Cabbage	Chou
Cucumber	Concombre
Bean	haricot
Fruit	Fruits
Stand	Stand
Apple	Apple
Banana	Banane
Grape	Raisin
To Put Out	mettre à l'extérieur
To Stack Up	Empiler
Cereal	Céréales
Cookie	Biscuit
Careful	Attention
Box	Boîte
Cans	Canettes
Also	Aussi
Shelves	Étagère

Policeman	Policier
Way	Route
To Remember	Se Souvenir de
Uniforms	Uniformes
Police Officer	Agent de police
Dangerous	Dangereux
Break The Law	Enfreindre la loi
To Chase	Poursuivre
Calm Down	Calmez-vous.
To Stand	Se lever
Training	Formation
To Deal With	Traiter avec
Effectively	Effectivement
Police Dog	Chien de police
Police Car	Voiture de police
Track Down	Piste
Smart	Smart
Hidden	Caché
Criminals	Criminels
Partners	Partenaires
Side	Côté
Road	Chemin d'accès
Speed	Vitesse
Seat Belt	Ceinture de sécurité
To Warn	Avertir
To Arrest	Arreter
To Put S.O In Jail	Mettre qqn en prison
Jail	Cellule
Safe	Sécurité
To Grow Up	Grandir
Choice	Choix

Principal	Le Principal (dir. d'ecole)
Teacher	Enseignant
Veterinarian	Vétérinaire
Shot	Piqûre
Farmer	Agriculteur
Grow	Grandir
Doctor	Docteur
To Cure	Guérir
Famous	Célèbre
Fireman	Pompier
To Rescue	Porter secours/ Sauver
Musician	Musicien
Lawyer	Avocat
To Defend	Défendre
To Be Able To	Être capable de
Carpenter	Charpentier
Wood	Bois
Welder	Soudeur
Pilot	Pilote
Captain	Capitaine
Repairman	Réparateur
Artist	Artiste
Require	Demande
A Lot Of	Beaucoup de
A Little Bit Of	Un peu de

10.1 Jennifer the Firefighter
Jennifer la pompière

Jennifer Smith is a firefighter.	Jennifer Smith est pompier.
She is one of the first female firefighter.	Elle est l'une des premières femmes pompiers.
Jennifer works hard every day.	Jennifer travaille dur tous les jours.
Jennifer exercises every day.	Jennifer fait de l'exercice tous les jours.
She lifts weights.	Elle soulève des poids.
She wants her muscles to be very strong.	Elle veut que ses muscles soient très forts.
She saves people's lives every day.	Elle sauve la vie des gens tous les jours.
She is very strong.	Elle est très forte.
Jennifer is married.	Jennifer est mariée.
Her husband is a school teacher.	Son mari est professeur d'école.
Jennifer's husband is proud of her.	Le mari de Jennifer est fier d'elle.
Jennifer is a mother.	Jennifer est une mère.
She has two daughters.	Elle a deux filles.
Jennifer's daughters are proud of her Too.	Les filles de Jennifer sont également fières d'elle.
Jennifer is happy being a firefighter.	Jennifer est heureuse d'être pompier.
Jennifer is happy being a wife.	Jennifer est heureuse d'être une épouse.
Jennifer is happy being a mother.	Jennifer est heureuse d'être une mère.

10.2　Jobs - *Les métiers*

There are many different jobs that you can choose from.	Il y a beaucoup de métiers différents que vous pouvez choisir.
You can be a doctor or a nurse.	Tu peux être médecin ou infirmière.
You could work in a hospital or doctor's office.	Tu peux travailler dans un hôpital ou un cabinet médical.
You might be a firefighter and put out fires.	Tu peux être pompier et éteindre les incendies.
A policeman enforces the law.	Un policier fait respecter la loi.
An actor plays roles on stage or in the movies.	Un acteur joue des rôles sur scène ou au cinéma.
You could drive a taxi or be the pilot of an Airplane.	Tu pourrais conduire un taxi ou être le pilote d'un avion.
What kinds of things do you like to do?	Quel genre de choses aimes-tu faire?
You might want to be a sales clerk in a store.	Tu pourrais vouloir être vendeur dans un magasin.
Maybe you are good at a sport.	Tu es peut-être bon dans un sport.
You could be a baseball player or a hockey player.	Tu pourrais être joueur de baseball ou de hockey.
Being a dentist is a good job.	Être dentiste est un bon métier.
A dentist fixes teeth.	Un dentiste répare les dents.
If you are good at arguing, you might want to be a lawyer.	Si tu es doué pour argumenter, tu pourrais être avocat.
Do you like to fix people's hair? You could be a hairdresser or a barber.	Aimes-tu réparer les cheveux des gens? Tu pourrais être coiffeur ou barbier.

If you are good with your hands, you might want to be a carpenter or a mechanic.

If you like to travel, you could be a stewardess or a travel agent.

You could be a teacher or a photographer.

Are you artistic or creative? You might want to be an artist or a writer.

You could work on construction and build houses.

You could look after animals and be a veterinarian.

If you like to cook, you could be a cook or a chef.

There are so many places to work, and so many jobs to do.

Maybe you could fix computers or work in a library.

You could wash windows or be the captain of a ship.

There is no limit to what you can be.

Si vous êtes habile de vos mains, vous pourriez devenir charpentier ou mécanicien.

Si vous aimez voyager, vous pourriez être hôtesse de l'air ou agent de voyage.

Vous pourriez être enseignant ou photographe.

Êtes-vous artistique ou créatif? Vous pourriez vouloir être un artiste ou un écrivain.

Vous pourriez travailler dans le bâtiment et construire des maisons.

Vous pourriez vous occuper d'animaux et devenir vétérinaire.

Si vous aimez cuisiner, vous pourriez être cuisinier ou chef cuisinier.

Il y a tellement d'endroits où travailler, et tellement de métiers à exercer.

Tu pourrais réparer des ordinateurs ou travailler dans une bibliothèque.

Tu pourrais laver des vitres ou être le capitaine d'un navire.

Il n'y a pas de limite à ce que tu peux faire.

10.3 The Office - *Le bureau*

Some people work in an office.

Certaines personnes travaillent dans un bureau.

There are special tools that people in an office need to do their work.

Il y a des outils spéciaux dont les employés de bureau ont besoin pour faire leur travail.

There is a computer in the office.

Il y a un ordinateur dans le bureau.

There is a telephone.

Il y a un téléphone.

Most of the time, the secretary answers the telephone.

La plupart du temps, c'est la secrétaire qui répond au téléphone.

The secretary sits at a desk.

La secrétaire est assise à un bureau.

The secretary has pens and pencils on the desk.

La secrétaire a des stylos et des crayons sur son bureau.

The secretary writes on a note pad.

La secrétaire écrit sur un bloc-notes.

Some other things that you would find in an office would include the following: a stapler to staple pages together, a photocopier to copy pages, a pencil sharpener to sharpen pencils, a water cooler where the employees could get a drink of water, a hole punch to make holes in sheets of paper, and liquid paper which is used to blank out errors on a page.

Voici d'autres éléments que l'on peut trouver dans un bureau : une agrafeuse pour agrafer les pages, une photocopieuse pour copier les pages, un taille-crayon pour tailler les crayons, une fontaine d'eau où les employés peuvent boire un verre d'eau, une perforatrice pour faire des trous dans les feuilles de papier et du papier liquide qui sert à effacer les erreurs sur une page.

Some offices have many employees in them.	Certains bureaux comptent de nombreux employés.
All of the employees have their own desks.	Tous les employés ont leur propre bureau.
Other offices just have one person at a desk.	D'autres bureaux n'ont qu'une seule personne à un bureau.
In some offices, there is a secretary or a eceptionist, and then there is the boss in another room.	Dans certains bureaux, il y a une secrétaire ou une réceptionniste, puis il y a le patron dans une autre pièce.
There are often many important papers in an office.	Il y a souvent beaucoup de papiers importants dans un bureau.
Important papers can be called documents.	Les papiers importants peuvent être appelés des documents.
You might have to sign a document or fill out a form in an office.	Il se peut que tu doives signer un document ou remplir un formulaire dans un bureau.
Some offices have bookshelves filled with books.	Certains bureaux ont des étagères remplies de livres.
The books are filled with information that the people in the office need.	Les livres sont remplis d'informations dont les personnes du bureau ont besoin.
You will have to visit an office sometime.	Vous devrez un jour ou l'autre vous rendre dans un bureau.
Maybe it will be a doctor's office or a lawyer's office.	Ce sera peut-être le bureau d'un médecin ou d'un avocat.
There are many different types of offices.	Il existe de nombreux types de bureaux différents..

10.4   The Doctor - *Le médecin*

I didn't feel very well last week.	Je ne me sentais pas très bien la semaine dernière.
I had a sore throat and a fever.	J'avais mal à la gorge et de la fièvre.
My mother took me to see the doctor.	Ma mère m'a emmené chez le médecin.
When we got there, the nurse took my name and said that the doctor would be with me soon.	Quand nous sommes arrivées, l'infirmière a pris mon nom et a dit que le médecin serait bientôt là.
The doctor was a very nice man in a white jacket.	Le médecin était un homme très gentil avec une veste blanche.
I had seen the doctor before when I had my tonsils out at the hospital.	J'avais déjà vu le médecin quand on m'avait enlevé les amygdales à l'hôpital.
The doctor took a light and looked in my ears.	Le docteur a pris une lampe et a regardé dans mes oreilles.
He put a stick on my tongue, and he shone his light into my mouth.	Il a mis un bâtonnet sur ma langue, et il a braqué sa lumière dans ma bouche.
He looked at my throat.	Il a regardé ma gorge.
He said that my throat was a bit swollen and red.	Il a dit que ma gorge était un peu gonflée et rouge.
He felt my neck and said that my glands were swollen.	Il a palpé mon cou et a dit que mes glandes étaient enflées.
He took my temperature and said that it was quite high.	Il a pris ma température et a dit qu'elle était assez élevée.
He listened to my heart, and he made me cough.	Il a écouté mon cœur et m'a fait tousser.
He asked me some questions.	Il m'a posé quelques questions.

He said that he might have to do some tests.	Il a dit qu'il devrait peut-être faire des tests.
He sent me to get some blood taken out of my arm.	Il m'a envoyé faire une prise de sang dans le bras.
I was scared, but it didn't really hurt.	J'avais peur, mais ça ne faisait pas vraiment mal.
The doctor gave me some pills and told me to take one in the morning and one at night.	Le médecin m'a donné des pilules et m'a dit d'en prendre une le matin et une le soir.
He told me to drink a lot of fluids.	Il m'a dit de boire beaucoup de liquide.
He told me to get plenty of sleep.	Il m'a dit de dormir beaucoup.
I did exactly what the doctor told me to do.	J'ai fait exactement ce que le médecin m'a dit de faire.
It wasn't very long before I was feeling well again.	Il n'a pas fallu longtemps pour que je me sente à nouveau bien.
I think that I might like to be a doctor when I grow up.	Je pense que j'aimerais être médecin quand je serai grand.
I would like to make people feel better.	J'aimerais aider les gens à se sentir mieux.

10.5 The Dentist - Le dentiste

My friend's father is a dentist.	Le père de mon ami est dentiste.
He has an office near my house.	Il a un cabinet près de chez moi.
I went to see him on Thursday.	Je suis allée le voir jeudi.
His nurse told me to sit in a very big chair.	Son infirmière m'a dit de m'asseoir sur une très grande chaise.
She tied a bib under my chin.	Elle a attaché une bavette sous mon menton.
The dentist came in.	Le dentiste est entré.
He examined my teeth with some shiny silver tools.	Il a examiné mes dents avec des outils argentés et brillants.
He looked at my front teeth and my back teeth.	Il a regardé mes dents de devant et mes dents de derrière.
He told me that the back teeth were called molars.	Il me dit que les dents du fond s'appellent des molaires.
He told me to **"open wide."**	Il m'a dit **"d'ouvrir grand "** la bouche.
He had a little mirror that he used to look at my teeth.	Il avait un petit miroir qu'il utilisait pour regarder mes dents.
He said that I had good strong teeth.	Il a dit que j'avais de bonnes et fortes dents.
He told me that I didn't have any cavities.	Il m'a dit que je n'avais pas de caries.
I told him that I didn't eat a lot of candies and that I always brushed my teeth after every meal.	Je lui ai dit que je ne mangeais pas beaucoup de bonbons et que je me brossais toujours les dents après chaque repas.
He said that was very good.	Il a dit que c'était très bien.

He asked me if I flossed my teeth, and I said, **"Yes, I use dental floss every day."**	Il m'a demandé si j'utilisais du fil dentaire, et j'ai répondu : **"Oui, j'utilise du fil dentaire tous les jours".**
He told me that my teeth were healthy because I took very good care of them.	Il m'a dit que mes dents étaient en bonne santé parce que j'en prenais très bien soin.
He left and told me to keep up the good work.	Il est parti et m'a dit de continuer à faire du bon travail.
The dental hygienist came in, and she said that she would clean my teeth for me.	L'hygiéniste dentaire est entrée et a dit qu'elle allait me nettoyer les dents.
She scraped my teeth with a sharp tool, and then she put some polish on my teeth and began to clean them.	Elle a gratté mes dents avec un outil pointu, puis elle a mis du cirage sur mes dents et a commencé à les nettoyer.
When she was done, she told me to spit into a bowl, and then I rinsed my mouth out with water.	Quand elle a eu fini, elle m'a dit de cracher dans un bol, puis je me suis rincé la bouche avec de l'eau.
I looked into a mirror and saw that my teeth were very shiny and white.	**Je me suis regardé dans un miroir** et j'ai vu que mes dents étaient très brillantes et blanches.
If I take care of my teeth, I'll have them forever.	Si je prends soin de mes dents, je les aurai pour toujours.
I would like to keep my teeth healthy and white.	Je voudrais garder mes dents saines et blanches.
I like to smile.	J'aime sourire.

10.6   My First Job - Mon premier Boulot

I just got a job at the grocery store.

This is my first job.

I will receive a pay cheque every two weeks.

I wear a uniform.

The uniform has the name of the grocery store on it.

I have many jobs at the grocery store.

I have to collect all the carts from the parking lot and bring them back into the store.

I have to put all the produce out for the people to see.

I will be putting out the vegetables.

There are carrots, lettuce, cabbages, cucumbers and beans to put out this morning.

I also have to put the fruit out on the stands so that it looks nice.

The oranges roll away when I put them out, so I have to be careful.

I put out the apples, bananas and grapes.

Je viens de trouver un emploi à l'épicerie.

C'est mon premier emploi.

Je recevrai un chèque de paie toutes les deux semaines.

Je porte un uniforme.

L'uniforme porte le nom de l'épicerie.

J'ai de nombreuses tâches à l'épicerie.

Je dois ramasser tous les chariots dans le stationnement et les ramener dans le magasin.

Je dois mettre tous les produits dehors pour que les gens les voient.

Je vais sortir les légumes.

Il y a des carottes, de la laitue, des choux, des concombres et des haricots à sortir ce matin.

Je dois aussi sortir les fruits sur les stands pour qu'ils soient beaux.

Les oranges roulent quand je les sors, alors je dois faire attention.

Je sors les pommes, les bananes et les raisins.

I stack boxes up so that people can buy cereal and cookies.	J'empile les boîtes pour que les gens puissent acheter des céréales et des biscuits.
I have to be careful, or the boxes will fall.	Je dois faire attention, sinon les boîtes vont tomber.
There are cans of things which also need to be placed on the shelves.	Il y a des boîtes de conserve qui doivent aussi être placées sur les étagères.

10.7   The Police - La *police*

My mother always told me that if I was lost I could go up to a policeman and that he would help me to find my way home.

I never did get lost, but I always remembered what my mother told me about the police.

I think policemen look very nice in their uniforms.
I see police officers drive by in their police cars.
In my town we even have police officers on bicycles.
Policemen and policewomen have a job that can sometimes be dangerous.
They have to catch people who break the law.
Sometimes, they have to chase people or try to calm people down.
To be a police officer you need a lot of training.
It is important to be able to deal with people effectively.
A police officer came to our school.

Ma mère m'a toujours dit que si je me perdais, je pouvais aller voir un policier et qu'il m'aiderait à retrouver mon chemin.

Je ne me suis jamais perdue, mais je me suis toujours souvenue de ce que ma mère m'a dit sur la police.

Je trouve que les policiers sont très beaux dans leurs uniformes.
Je vois des policiers passer dans leurs voitures de police.
Dans ma ville, nous avons même des policiers à bicyclette.
Les policiers et les policières font un travail qui peut parfois être dangereux.
Ils doivent attraper les personnes qui enfreignent la loi.
Parfois, ils doivent poursuivre les gens ou essayer de les calmer.

Pour être policier, il faut beaucoup de formation.
Il est important d'être capable de traiter les gens efficacement.
Un agent de police est venu à notre école.

He had a police dog with him.	Il était accompagné d'un chien policier.
The officer showed us how the dog could track down criminals.	Le policier nous a montré comment le chien pouvait traquer les criminels.
The dog was very smart.	Le chien était très intelligent.
He could even find things that were hidden.	Il pouvait même trouver des choses qui étaient cachées.
Criminals sometimes hide things that they don't want the police to find.	Les criminels cachent parfois des choses qu'ils ne veulent pas que la police trouve.
The policeman told us that he and his dog were partners.	Le policier nous a dit que lui et son chien étaient partenaires.
His dog lives at his house with the policeman and his family.	Son chien vit dans sa maison avec le policier et sa famille.
Sometimes I see police cars on the side of the road.	Parfois, je vois des voitures de police sur le bord de la route.
The police stop people who are speeding or are not wearing their seatbelts.	La police arrête les gens qui font des excès de vitesse ou qui ne portent pas leur ceinture de sécurité.
The police officers warn people or give out tickets.	Les policiers avertissent les gens ou donnent des contraventions.
Sometimes they even have to arrest people.	Parfois, ils doivent même arrêter des gens.
Police officers are just doing their job when they arrest people.	Les agents de police ne font que leur travail lorsqu'ils arrêtent des personnes.
Some people need to be arrested and put in jail to make it safer for the rest of us.	Certaines personnes doivent être arrêtées et mises en prison pour que nous soyons tous plus en sécurité.

10.8 When I Grow Up - Quand je serai grand

I have been thinking about what I'd like to be when I grow up.	J'ai réfléchi à ce que j'aimerais faire quand je serai grand.
There are so many choices.	Il y a tellement de choix.
I could be a principal like my father.	Je pourrais être directeur d'école comme mon père.
I could be a teacher.	Je pourrais être professeur.
I like animals.	J'aime les animaux.
Maybe I should be a veterinarian.	Peut-être que je devrais être vétérinaire.
My cat just went to the veterinarian to get her shots.	Mon chat vient d'aller chez le vétérinaire pour se faire vacciner.
I don't think my cat was too happy to be there.	Je ne pense pas que mon chat était très heureux d'être là.
I could be a farmer and grow vegetables.	Je pourrais être fermier et faire pousser des légumes.
Maybe I could be a doctor and cure people.	Je pourrais être médecin et soigner les gens.
If I was good enough, I could be a famous sports person or a singer.	Si j'étais assez bon, je pourrais être un sportif ou un chanteur célèbre.
I could be an actor on television or in the movies.	Je pourrais être acteur à la télévision ou au cinéma.
Maybe I would like to be a policeman or a fireman.	J'aimerais peut-être être policier ou pompier.
I could rescue people.	Je pourrais sauver des gens.
I can play the piano.	Je peux jouer du piano.
Maybe I should be a musician.	Peut-être que je devrais être musicien.
I could be a lawyer.	Je pourrais être avocat.

I sometimes watch shows about lawyers defending people.	Je regarde parfois des émissions sur des avocats qui défendent des gens.
Lawyers have to be able to speak well.	Les avocats doivent être capables de bien parler.
I could be a carpenter and work with wood, or I could be a welder and work with metal.	Je pourrais être charpentier et travailler avec le bois, ou je pourrais être soudeur et travailler avec le métal.
There are just so many jobs.	Il y a tellement de métiers.
I could work in a restaurant.	Je pourrais travailler dans un restaurant.
I could cook food, or I could serve food.	Je pourrais cuisiner ou servir de la nourriture.
I could be an airline pilot or the captain of a ship.	Je pourrais être pilote de ligne ou capitaine de navire.
I could be a repairman or an artist.	Je pourrais être réparateur ou artiste.
The world is full of jobs.	Le monde est plein d'emplois.
Some of the jobs require a lot of education.	Certains d'entre eux exigent une grande formation.
Some require a little bit of training, and some require a lot of training.	D'autres demandent un peu de formation, et d'autres encore beaucoup de formation.
It's all up to me.	Tout dépend de moi.
I can be whatever I want to be.	Je peux être ce que je veux être.

Chapter 11 FOOD - Nourriture

Vocabulary Overview Resumé de vocabulaire

Meals	Repas
Breakfast	Petit-déjeuner
Rush	Se Précipiter/ Se ruer
Toast	Toast /pain grillés
Cereal	Céréales
Orange juice	Jus d'orange
Bacon	Bacon
Eggs	Œufs
Cup of coffee	une tasse de café
Lunch	Déjeuner
Sandwich	Sandwich
A drink	Une boisson
A drink of juice	Un verre de jus de fruit
Milk	Lait
Salad	Salade
Tuna	Thon
Roast beef	Boeuf rôti
Ham sandwich	Sandwich au jambon
Treat	Gâterie
Supper time	L'heure du dîner
Sit around	Asseyez-vous
Supper	Dîner
Spaghetti	Spaghetti

Roast of beef	Viande rôtie
Potatoes	Pommes de terre
Vegetables	Légumes
Chicken	Poulet
Soups	Soupes
Stew	Ragoût
Casserole	Casserole
Milk	Lait
Wine	Vin
To Set the Table	Mettre la table
Fork	Fourche
Knife	Couteau
Spoon	Cuillère
Glass	verre
To Fill	Remplir
Dresser	Tiroir
Ice cream	Crème glacée
Cake	Gâteau
Pie	Tarte
Peach	Pêche
Apples	Pommes
Plum	Prune
Banana	Banane
Cup of tea	tasse de thé
Wash the dishe	faire de la vaisselle
Fruit	Fruits
Tree	Arbre
Apple	Pomme
Red, Yellow, Green apple	Pomme rouge, jaune et vert

Ripen	Mûrir
Peach	Pêche
Cherry Pit	noyau de cerise
To Climb	Escalader/ Grimper
Ladder	Échelle
Edible	Comestible
Pear	Poire
Lemon	Citron
Sour	Sour
Strawberry	Fraise
To bond down	Adhérer
To pick	Choisir
Fuzzy	Duveteux
Grape	Raisin
Berry	Baie
Black Berry	Mûre
Blue Berry	Myrtille
Raspberry	Framboise
Cranberry	Canneberge
Just to name a few	Pour ne citer que quelques exemples
Exotic Mangos	Mangues exotiques
Papaya	Papaye
Bananas	Bananes
Oranges	Oranges
Climate	Météo
To peel	Éplucher/Peler
To wash	Laver
Crop	Récolte

Pesticide	Pesticide
Bug	Insecte
Vegetables	Légumes
Serving	Portion
Green pear	Poire verte
Peas	Pois
CornCob	Épis De Maïs
Carrot	Carotte
Raw	Brut /Cru
Bean	haricot
String Beans	Haricots verts
Kidney Beans	Haricots
Baked beans	Haricots cuits
Broccoli	Brocoli
Brussels sprout	Choux de Bruxelles
Cabbage	Chou
Salad	Salade
Lettuce	Laitue
Celery	Céleri
Cucumber	Concombre
Radish	Radis
Cauliflower	Chou-fleur
Root	Racine
vegetable	légumes
Beet	Betterave rouge
Parsnips	Panais
Grocery shopping	L'épicerie
Aisles	Allées

Bin	Compartiment
Bakery	Boulangerie
Cakes	Gâteaux
Pie	Gâteau
Cookies	Biscuits
Tart	Gâteau
Bread	Une miche
Burn	Brûler
Bagels	Bagels
Biscuits	Biscuits
Can	Boîte
Goods	Articles
Canned goods	Conserves alimentaires
Sauce	Sauce
Soup	Soupe
Dairy product	Produit laitier
Milk	Lait
Cream	Crème
Cheese	Fromage
Butter	Beurre
Yogurt	yaourt
Dairy Section	Section laitière
Meat department	Département des viandes
Beef	Bœuf
Pork	Porc
Chicken	Poulet
Duck	Canard
Goose	Oie
Ham	jambon

Butcher	boucherie
Shampoo	Shampooing
Tooth paste	Dentifrice
Soap	Savon
Host/hostess	Invité,e
Seat	Siège
Table	Tableau
Booth	Stand
Menu	Menu
Cutlery	Couverts
Knife	Couteau
Fork	Fourchette
Spoon	Cuillère
Napkin	Serviette de table
Waiter	Serveur
Appetizer	Apéritif
Meal	Repas
Dessert	Dessert
Pay the bill	Payer la facture
Leave a tip	Laissez un pourboire
Food	Nourriture
Hot dogs	Hot Dogs
Hamburger	Hamburger
Steak	Steak
Cheese	Fromage
Ice cream	Crème glacée
Orchard	Jardin potager
Farm	Ferme
Potato chips	Les frites

11.1   **Meals** - Repas

Breakfast is very rushed at our house.	Chez nous, le petit déjeuner est très pressé.
My brothers and sisters and I have toast or cereal.	Mes frères et sœurs et moi prenons des toasts ou des céréales.
We also have orange juice.	Nous prenons aussi du jus d'orange.
On weekends my mother makes bacon and eggs for us.	Le week-end, ma mère nous prépare du bacon et des œufs.
My father just has a cup of coffee for breakfast.	Mon père prend juste une tasse de café pour le petit déjeuner.
My mother packs a lunch for all of us.	Ma mère prépare un déjeuner pour nous tous.
We usually have a sandwich, a piece of fruit and a drink of juice or milk.	Nous avons généralement un sandwich, un fruit et un jus de fruit ou du lait.
My favorite sandwiches are egg salad, tuna, roast beef and ham.	Mes sandwichs préférés sont la salade d'œufs, le thon, le rosbif et le jambon.
My brother always wants peanut butter and jam sandwiches.	Mon frère veut toujours des sandwichs au beurre de cacahuète et à la confiture.
My mother sometimes packs a treat for us.	Ma mèreprépare parfois une friandise pour nous.
Today we had cookies with our lunch.	Aujourd'hui, nous avons eu des biscuits avec notre déjeuner.
At supper time, the family sits around the table and talks about what they Did all day.	À l'heure du souper, la famille s'assoit autour de la table et parle de ce qu'elle a fait toute la journée.
My mother makes good suppers.	Ma mère prépare de bons dîners.

We sometimes have spaghetti.	Nous avons parfois des spaghettis.
My mother makes a roast of beef with potatoes and vegetables quite often.	Ma mère fait assez souvent un rôti de bœuf avec des pommes de terre et des légumes.
She makes many different dishes out of chicken.	Elle fait beaucoup de plats différents avec du poulet.
She makes soups or stews.	Elle fait des soupes ou des ragoûts.
She also makes casseroles.	Elle fait aussi des plats en cocotte.
My brothers and sisters and I have milk with our dinner.	Mes frères et sœurs et moi prenons du lait avec notre dîner.
My parents sometimes have wine with their dinner.	Mes parents ont parfois du vin avec leur dîner.
Sometimes we have salad before our dinner.	Parfois, nous mangeons de la salade avant de dîner.
I set the table for my mother.	**Je mets la table pour ma mère.**
I put out the forks, the knives and spoons.	Je sors les fourchettes, les couteaux et les cuillères.
I also put out glasses and fill them full of milk or water.	Je sors aussi les verres et je les remplis de lait ou d'eau.
For dessert, we sometimes have ice cream, cake or pie.	Pour le dessert, nous avons parfois de la crème glacée, du gâteau ou de la tarte.
My mother said that it is better to have fruit because it is better for you.	Ma mère dit que c'est mieux de manger des fruits parce que c'est meilleur pour la santé.
Tonight I ate a peach for dessert.	Ce soir, j'ai mangé une pêche pour le dessert.
My favorite fruits are apples, peaches, plums and bananas.	Mes fruits préférés sont les pommes, les pêches, les prunes et les bananes.
After supper, my mother always has a cup of tea with sugar and cream in it.	Après le dîner, ma mère prend toujours une tasse de thé avec du sucre et de la crème dedans.

| After dinner, I help my mother with the dishes. | Après le dîner, j'aide ma mère à faire la vaisselle. |
| Usually she washes the dishes, and I will dry them. | D'habitude, elle lave la vaisselle et je l'essuie. |

11.2   Fruit -Les Fruits

Some fruit grows on trees.	Certains fruits poussent sur des arbres.
Apples grow on trees.	**Les pommes** poussent sur les arbres.
You can get red, yellow or green apples.	On peut avoir des pommes rouges, jaunes ou vertes.
Some apples are green until they ripen; then they turn red.	Certaines pommes sont vertes jusqu'à ce qu'elles mûrissent, puis elles deviennent rouges.
Peaches grow on trees.	**Les pêches** poussent sur les arbres.
Peaches have a fuzzy skin.	Les pêches ont une peau duveteuse.
Cherries grow on trees.	Les cerises poussent sur les arbres.
You can climb a ladder and pick cherries from the tree.	Tu peux grimper sur une échelle et cueillir des cerises sur l'arbre.
Cherries and peaches have pits inside them.	Les cerises et les pêches ont des noyaux à l'intérieur.
The pits are not edible.	Ces noyaux ne sont pas comestibles.
Pears also grow on trees.	Les poires poussent aussi sur les arbres.
Lemons grow on trees.	Les citrons poussent sur les arbres.
They are very sour.	Ils sont très acides.
Have you ever picked strawberries?	As-tu déjà cueilli des fraises?
Strawberries do not grow on trees.	Les fraises ne poussent pas sur les arbres.

You have to bend down to pick strawberries.	Il faut se pencher pour cueillir des fraises.
Have you ever tried strawberry shortcake? It is very good.	¿As-tu déjà essayé le sablé aux fraises? C'est très bon.
Grapes grow on vines.	Les raisins poussent sur des vignes.
People use grapes to make wine.	Les gens utilisent le raisin pour faire du vin.
There are many types of berries.	Il y a plusieurs sortes de baies.
There are blackberries, blueberries, raspberries and cranberries, just to name a few.	Il y a les mûres, les myrtilles, les framboises et les canneberges, pour n'en citer que quelques-unes.
Some fruits are more exotic.	Certains fruits sont plus exotiques.
There are mangos and papayas. They don't grow in Canada.	Il y a les mangues et les papayes. Elles ne poussent pas au Canada.
Bananas and oranges don't grow in a Canadian climate either, but we are able to buy them here.	Les bananes et les oranges ne poussent pas non plus dans un climat canadien, mais nous pouvons les acheter ici.
Some fruits have to be peeled, and some can be eaten as they are.	Certains fruits doivent être épluchés, d'autres peuvent être consommés tels quels.
It is always a good idea to wash fruit before you eat it.	C'est toujours une bonne idée de laver les fruits avant de les manger.
The farmers spray the crops with pesticides to kill bugs, so it is good to wash that off.	Les agriculteurs pulvérisent des pesticides sur les cultures pour tuer les insectes, alors il est bon de les laver.

11.3   Vegetables - *légumes*

Vegetables are very good for you.	Les légumes sont très bons pour la santé.
They say that you should have three servings of vegetables every day.	On dit qu'il faut manger trois portions de légumes par jour.
I like green peas.	J'aime les petits pois verts.
Peas come in pods.	Les petits pois sont en gousses.
I also like snow peas.	J'aime aussi les pois mange-tout.
You eat the pods on the snow peas.	On mange les gousses des pois mange-tout.
I like corn when it is on the cob.	J'aime le maïs lorsqu'il est en épi.
Carrots are good to eat raw.	Les carottes sont bonnes à manger crues.
Beans are good for you.	Les haricots sont bons pour toi.
There are many different types of beans.	Il y a beaucoup de types de haricots différents.
There are string beans, kidney beans, baked beans and lots of other types of beans.	Il y a les haricots verts, les haricots rouges, les haricots au four et beaucoup d'autres types de haricots.
Some people don't like green vegetables like broccoli and Brussels sprouts.	Certaines personnes n'aiment pas les légumes verts comme le brocoli et les choux de Bruxelles.
I like broccoli and Brussels sprouts.	Moi, j'aime le brocoli et les choux de Bruxelles.
You can make a salad and put lots of different vegetables into the salad.	Tu peux faire une salade et y mettre beaucoup de légumes différents.

In my salads, I like lettuce, tomatoes, celery, cucumber, radishes, cauliflower and spring onions.	Dans mes salades, j'aime la laitue, les tomates, le céleri, le concombre, les radis, le chou-fleur et les oignons nouveaux.
I try to have a salad with dressing on it every day.	J'essaie de manger une salade avec de la vinaigrette tous les jours.
My dad likes root vegetables like beets and parsnips.	Mon père aime les légumes racines comme les betteraves et les panais.
My brother will only eat potatoes.	Mon frère ne mange que des pommes de terre.
He likes his potatoes baked.	Il les aime cuites au four.
My mother likes to buy her vegetables at the market.	Ma mère aime acheter ses légumes au marché.
She says they are fresher there.	Elle dit qu'ils y sont plus frais.
My mother buys a lot of onions.	Ma mère achète beaucoup d'oignons.
She puts onions in almost all the meals that she cooks.	Elle met des oignons dans presque tous les plats qu'elle prépare.
Some children won't eat their vegetables.	Certains enfants ne mangent pas leurs légumes.
I didn't like some vegetables at first, but I have become used to them.	Au début, je n'aimais pas certains légumes, mais je m'y suis habitué.
I like having vegetables with my meals.	J'aime avoir des légumes avec mes repas.

11.4   Grocery Shopping - L'épicerie

What do you see when you go to the grocery store?
The aisles are filled with food.

There are also refrigerators and freezers filled with food.

There are sometimes things in bins in the middle of the aisles.
There are different departments in the grocery store.
There is the bakery.
In the bakery, there are sweet things such as cakes, pies, cookies and tarts.

There are also things that you would eat with your dinner like bread and buns.
There are other things in the bakery department like bagels and biscuits.
The baker works in the bakery.

There is the canned goods section.
This is where you might find sauces and soups.

Que voyez-vous lorsque vous allez à l'épicerie?
Les allées sont remplies de nourriture.

Il y a aussi des réfrigérateurs et des congélateurs remplis de nourriture.

Il y a parfois des choses dans des bacs au milieu des allées.
Il y a différents rayons dans l'épicerie.
Il y a la boulangerie.
Dans la boulangerie, on trouve des produits sucrés comme des gâteaux, des tartes, des biscuits et des tartes.

Il y a aussi des choses que l'on mange avec son dîner comme le pain et les brioches.
Il y a d'autres choses dans le département de la boulangerie comme les bagels et les biscuits.
Le boulanger travaille dans la boulangerie.
Il y a le rayon des conserves.

C'est là que vous pouvez trouver des sauces et des soupes.

Vegetables and fruits also come in cans.	Les légumes et les fruits sont également disponibles en boîtes de conserve.
There is the section for dairy products.	Il y a la section des produits laitiers.
Here you would find milk and cream.	Vous y trouverez du lait et de la crème.
The dairy section would also have cheese and butter.	Le rayon des produits laitiers contient également du fromage et du beurre.
Yogurt is also found in the dairy section.	Les yaourts se trouvent également dans le rayon des produits laitiers.
In the meat department, there is beef and pork.	Dans le rayon des viandes, on trouve du bœuf et du porc.
Poultry is also found in the meat department.	La volaille se trouve également dans le rayon des viandes.
Poultry is chicken, duck and goose.	Les volailles sont le poulet, le canard et l'oie.
There are also cold cuts in the meat department.	On trouve également des charcuteries dans le rayon des viandes.
Cold cuts are the meats that are sliced up for sandwiches.	Les charcuteries sont les viandes qui sont coupées en tranches pour les sandwichs.
Some examples of cold cuts are ham and baloney.	Le jambon et le baloney sont des exemples de charcuterie.
The butcher works in the meat department.	Le boucher travaille dans le rayon des viandes.
The produce department is full of fruits and vegetables.	Le rayon des fruits et légumes est rempli de fruits et de légumes.

Clerks spray water on the fruit and vegetables to keep them fresh.	Les employés pulvérisent de l'eau sur les fruits et légumes pour les garder frais.
There is a section in the grocery store for personal hygiene.	Dans l'épicerie, il y a un rayon pour l'hygiène personnelle.
This is where you would find shampoo and toothpaste.	C'est là que l'on trouve le shampoing et le dentifrice.
Soap and skin products would also be in this section.	Le savon et les produits pour la peau se trouvent également dans cette section.
There is even a section for your pets.	Il y a même un rayon pour vos animaux de compagnie.
You can buy cat food and dog food.	Vous pouvez y acheter de la nourriture pour chats et pour chiens.
Grocery Shopping There are toys for cats and dogs.	Épicerie Il y a des jouets pour les chats et les chiens.

11.5   The Restaurant – *Le Restaurant*

When you go to a restaurant you might see a sign that says, **"Please wait to be seated."**

A host or hostess will ask you how many people are in your party?

Then they will want to know if you want to sit in the smoking or non-smoking section.

The host or hostess will take you to your seat.

You might sit at a table or at a booth.

The host or hostess will give you a menu to look at.

Sometimes, there are different menus for different meals.

There can be a breakfast menu, a lunch menu and a dinner menu.

Sometimes, there is also a wine list and a dessert menu.

The food and the prices of the food are listed on the menu.

On your table, there will be cutlery.

Cutlery is the knives, forks and spoons.

Lorsque vous allez dans un restaurant, vous verrez peut-être un panneau qui dit : **"Veuillez attendre pour être assis".**

Un hôte ou une hôtesse vous demandera combien de personnes sont dans votre groupe.

Il vous demandera ensuite si vous voulez vous asseoir dans la section fumeur ou non-fumeur.

L'hôte ou l'hôtesse vous conduira à votre place.

Vous pouvez vous asseoir à une table ou à un stand.

L'hôte ou l'hôtesse vous donnera un menu à consulter.

Parfois, il existe différents menus pour différents repas.

Il peut y avoir un menu petit-déjeuner, un menu déjeuner et un menu dîner.

Parfois, il y a aussi une carte des vins et une carte des desserts.

Les aliments et leurs prix sont indiqués sur le menu.

Sur votre table, il y aura des couverts.

Les couverts sont les couteaux, les fourchettes et les cuillères.

There will also be a napkin.	Il y aura aussi une serviette de table.
You are supposed to put your napkin on your lap when you eat.	Vous devez poser votre serviette sur vos genoux lorsque vous mangez.
Your waiter or waitress will take your order.	Votre serveur ou votre serveuse prendra votre commande.
You might want an appetizer before your meal.	Vous voudrez peut-être un apéritif avant votre repas.
Some people want a salad or soup before their meal.	Certaines personnes veulent une salade ou une soupe avant leur repas.
After your meal, you might have a dessert, or tea, or coffee.	Après votre repas, vous pouvez prendre un dessert, du thé ou du café.
When it is time to go, you will pay your bill and leave a tip for the waiter or waitress	Au moment de partir, vous paierez votre addition et laisserez un pourboire au serveur ou à la serveuse.

11.6   Food - *La nourriture*

What kinds of food do you like to eat?

I am lucky, because in Canada there are many foods to choose from.

I like to eat hot dogs, hamburgers, and steak.

These are all meat products.

I also like cheese, ice cream and yogurt.

These are all dairy products.

I like vegetables.

My favorite vegetables are broccoli, cabbage, carrots and peas.

I eat a lot of fruit.

I eat whichever fruit is in season.

In strawberry season, I eat a lot of strawberries.

In peach season, I eat many peaches.

Sometimes, my mother will make a peach pie.

Many different crops grow in Canada.

We have many orchards and farms.

¿ Quels types de nourriture aimez-vous manger?

J'ai de la chance, car au Canada, on peut choisir parmi de nombreux aliments.

J'aime manger des hot dogs, des hamburgers et du steak.

Ce sont tous des produits carnés.

J'aime aussi le fromage, la crème glacée et le yaourt.

Ce sont tous des produits laitiers.

J'aime les légumes.

Mes légumes préférés sont les brocolis, les choux, les carottes et les petits pois.

Je mange beaucoup de fruits.

Je mange les fruits qui sont de saison.

Pendant la saison des fraises, je mange beaucoup de fraises.

Pendant la saison des pêches, je mange beaucoup de pêches.

Parfois, ma mère fait une tarte aux pêches.

De nombreuses cultures différentes poussent au Canada.

Nous avons beaucoup de vergers et de fermes.

Fresh fruit and vegetables are plentiful in Canada.
Meat and fish are also plentiful here.
In Canada, we have a lot of different foods to choose from.

In my city, there are a lot of Italian restaurants.
My favorite food at the Italian restaurant is pizza.
My parents would rather have spaghetti or lasagne.
There are Greek restaurants, Mexican restaurants and Chinese restaurants; in fact, there are restaurants from most cultures.

I can go around from restaurant to restaurant and pretend that I am traveling the world and trying all the different foods from around the world.
Sometimes I eat things that aren't good for me.
I eat potato chips and candies.

These foods aren't part of a nutritious diet, but they are fun to eat.

La viande et le poisson sont également abondants ici.
Au Canada, nous pouvons choisir parmi une grande variété d'aliments.
Dans ma ville, il y a beaucoup de restaurants italiens.
Mon plat préféré au restaurant italien est la pizza.
Mes parents préfèrent les spaghettis ou les lasagnes.
Il y a des restaurants grecs, des restaurants mexicains et des restaurants chinois; en fait, il y a des restaurants de la plupart des cultures.
Je peux aller d'un restaurant à l'autre et prétendre que je voyage dans le monde entier et que j'essaie tous les aliments du monde entier.
Parfois, je mange des choses qui ne sont pas bonnes pour moi.
Je mange des chips et des bonbons.
Ces aliments ne font pas partie d'un régime nutritif, mais ils sont amusants à manger.

Chapter 12 COLOR - Couleur
Vocabulary Overview Resumé de vocabulaire

Purple	Violet
Blue	Bleu
Green	Vert
Yellow	Jaune
Daffodil	Narcisse
Dandelion	Pissenlit
White	blanc
Red	rouge
Flower	Fleur
Roses	Roses
Bush	arbuste
Thorn	Épine
Red	rouge
Pink	Rose
Yellow Tulip	Jaune tulipe
Lilies	Lys
Blossoms	Fleurs
Geraniums	Géraniums
Petunias	Pétunias
Marigold Orchid	Orchidée Marigold

Petal	Pétale
Garden	Jardin
Hosta	Hosta
Chrysanthemums	Chrysanthèmes
Carnation	Œillet
Lily	Iris
Poinsettia	Poinsettia
Color	Couleur
Red White	rouge blanc
Blue	Bleu
Black	Noir
Green	Vert
Brown	Marron
Orange	Orange
Pink	Rose
Purple	Violet

12.1   Favorite Colors
Couleurs préférées

My very favorite colour is purple.
There are not a lot of things that are purple.
Some grapes are purple.
Sometimes the sky looks purple.
My second favorite colour is blue.
Some things are blue.
The sky is blue, and water is blue.
Many people have blue eyes.

Green is a very common colour in nature.
Trees are green in the summer.
Some trees are green all year long.
Grass is green.
Sometimes water looks green.
Many People have green eyes.

Many vegetables are green.
Broccoli, cabbage, beans, lettuce, peas, and cucumbers are all green.
Green vegetables are very good for you.
Yellow is a bright colour.
The sun looks yellow.
Bananas are yellow.
Some people have yellow hair.

Daffodils and dandelions are yellow.

Ma couleur préférée est le violet.
Il n'y a pas beaucoup de choses qui sont violettes.
Certains raisins sont violets.
Parfois, le ciel est violet.
Ma deuxième couleur préférée est le bleu.
Certaines choses sont bleues.
Le ciel est bleu, et l'eau est bleue.

Beaucoup de gens ont les yeux bleus.
Le vert est une couleur très commune dans la nature.
Les arbres sont verts en été.
Certains arbres sont verts toute l'année.
L'herbe est verte.
L'eau est parfois verte.
Beaucoup de gens ont les yeux verts.
Beaucoup de légumes sont verts.
Les brocolis, les choux, les haricots, la laitue, les pois et les concombres sont tous verts.
Les légumes verts sont très bons pour la santé.
Le jaune est une couleur vive.
Le soleil est jaune.
Les bananes sont jaunes.
Certaines personnes ont les cheveux jaunes.
Les jonquilles et les pissenlits sont jaunes.

White is a common colour, especially in the winter.	Le blanc est une couleur courante, surtout en hiver.
Snow is white.	La neige est blanche.
Clouds are white.	Les nuages sont blancs.
Polar bears, some dogs and some cats are white.	Les ours polaires, certains chiens et certains chats sont blancs.
There are white flowers that grow.	Il y a des fleurs blanches qui poussent.
Some flowers are red.	Certaines fleurs sont rouges.
Roses can be red.	Les roses peuvent être rouges.
Blood is red.	Le sang est rouge.
Sometimes the sky is red at night or in the morning.	Parfois le ciel est rouge le soir ou le matin.
Artists use all these colours to make beautiful paintings.	Les artistes utilisent toutes ces couleurs pour faire de belles peintures.
Nature used all these colours to make the beautiful earth.	La nature a utilisé toutes ces couleurs pour créer la belle terre.
We are fortunate to be surrounded by beauty.	Nous avons la chance d'être entourés de beauté.
We should do our part to make sure that nature stays beautiful and clean.	Nous devons faire notre part pour nous assurer que la nature reste belle et propre.

12.2 Flowers - *Les fleurs*

There are hundreds of different types of flowers.
Most people like roses.

Roses grow on bushes, and they smell beautiful.

You have to be careful that you don't prick your fingeron a rose thorn.
Roses come in many colours.

There are red, pink, yellow and white roses.
In the spring, tulips are in bloom.

In Ottawa, there are many tulips.

Some people go there just to see all the tulips in the spring.

Forget-me-nots are also spring flowers.
They are tiny and blue.
Lilies of the valley look like white bells.
Many of the trees have blossoms on them in the springtime.
The apple and cherry trees look particularly beautiful when they are in blossom.
We have a blossom festival in my town.

Il existe des centaines de types de fleurs différents.
La plupart des gens aiment les roses.

Les roses poussent sur des buissons, et elles sentent très bon.

Il faut faire attention à ne pas se piquer le doigt sur une épine de rose.
Les roses existent en plusieurs couleurs.

Il y a des roses rouges, roses, jaunes et blanches.
Au printemps, les tulipes sont en fleurs.

À Ottawa, il y a beaucoup de tulipes.

Certaines personnes y vont juste pour voir toutes les tulipes au printemps.

Les myosotis sont aussi des fleurs de printemps.
Ils sont minuscules et bleus.
Le muguet ressemble à une cloche blanche.
Beaucoup d'arbres ont des fleurs au printemps.
Les pommiers et les cerisiers sont particulièrement beaux quand ils sont en fleurs.
Dans ma ville, il y a un festival de la floraison.

My neighbors like to plant geraniums, petunias and marigolds in the summer.
Some people plant sunflowers.

Sunflowers grow very tall.
Sometimes a girl will get an orchid for her date.
They have bright yellow petals.
All of those flowers grow best in the sunshine.
If your garden is shady, you have to plant different things.
Hostas grow well in a shady garden.
Chrysanthemums are fall flowers.
Chrysanthemums come in many colours also.
There are purple, yellow and white chrysanthemums.
Flowers are good to give as gifts.

Women like to receive a dozen roses on Valentine's Day.

Carnations also make a nice gift.

They have a very sweet smell.
Many people give away lilies for Easter.
Poinsettias are very festive at Christmas time.
If someone goes to a dance, they often give their partner a flower to wear.

Mes voisins aiment planter des géraniums, des pétunias et des soucis en été.
Certaines personnes plantent des tournesols.

Les tournesols sont très grands.
Parfois, une fille aura une orchidée pour son rendez-vous.
Elles ont des pétales jaune vif.
Toutes ces fleurs poussent mieux au soleil.
Si ton jardin est ombragé, tu dois planter d'autres choses.
Les hostas poussent bien dans un jardin ombragé.
Les chrysanthèmes sont des fleurs d'automne.
Les chrysanthèmes existent aussi en plusieurs couleurs.
Il existe des chrysanthèmes violets, jaunes et blancs.
Les fleurs sont bonnes à offrir en cadeau.

Les femmes aiment recevoir une douzaine de roses le jour de la Saint-Valentin.

Les œillets sont également un beau cadeau.

Ils ont une odeur très douce.
Beaucoup de gens offrent des lys à Pâques.
Les poinsettias sont très festifs à Noël.
Si quelqu'un se rend à un bal, il offre souvent une fleur à son partenaire.

If you go to a wedding, you will probably see a lot of flowers there.

Flowers help to make places beautiful.

Si tu vas à un mariage, tu verras probablement beaucoup de fleurs.

Les fleurs aident à embellir les lieux.

12.3 Colors - *Couleurs*

Red is a vibrant color.
Roses are sometimes red.
Blood is red.
White is the color of snow.

Clouds are very often white.

Blue is the color of the sky and the ocean.
Black isn't really a color at all.

Tar is black.
A crow is black.
Green is the color of grass.
It is also the color of leaves on the trees in the summer.
Brown is the color of dirt.

Many people have brown hair.

Yellow is a bright color.
Most people use yellow when they draw a picture of the sun.

Orange is an easy color to remember, that is because an orange is orange.

Le rouge est une couleur vive.
Les roses sont parfois rouges.
 Le sang est rouge.
Le blanc est la couleur de la neige.

Les nuages sont très souvent blancs.

Le bleu est la couleur du ciel et de l'océan.
Le noir n'est pas vraiment une couleur.

Le goudron est noir.
Un corbeau est noir.
Le vert est la couleur de l'herbe.
C'est aussi la couleur des feuilles sur les arbres en été.
Le brun est la couleur de la saleté.

Beaucoup de gens ont les cheveux bruns.

 Le jaune est une couleur vive.
La plupart des gens utilisent le jaune lorsqu'ils font un dessin du soleil.

L'orange est une couleur facile à retenir, car une orange est orange.

Pink is the color that we dress baby girls in.	Le rose est la couleur avec laquelle on habille les petites filles.
We dress baby boys in blue.	On habille les bébés garçons en bleu.
Purple is the color of some violets.	Le violet est la couleur de certaines violettes.
The Canadian flag is red and white.	Le drapeau canadien est rouge et blanc.
What color is your flag?	**De quelle couleur est votre drapeau?**

Vous trouverez l'audio de chaque texte Sur **Myeverydayrepertoire.com** vous pouvez les télécharger ou les écouter en boucle tout en parcourant le livre.

Chapter 13 EVERYDAY – *Tous les jours*
VOCABULARY OVERVIEW Resumé de vocabulaire

Body	Corps
Head	Tête
below	En bas
Hair	Cheveux
Face	Visage
Eye	Oeil
Eyebrows	Sourcils
Eyelashes	Cils
Nose	Nez
Mouth	La bouche
Lips	Lèvres
Teeth	Dents
Tongue	Langue
Chin	Chin
Ears	Oreilles
Cheeks	Joues
Neck	Cou
Chest	Poitrine
Shoulders	Dos
Arms	Bras
Wrist	Poignet
Finger	Doigt
Hand	Main
Fingernail	Ongles des doigts
Back	Dos
Waist	Taille
Hips	Hanches
Legs	
Thigh	Jambes
	Cuisse

Knee	Le Genou
Ankle	Cheville
Calves	Mollet
Toes	Orteils
Feet	Pieds
Toenails	Ongles de pied
Clothing	Vêtements
Fancy	Luxe
Dress	Robe
Stocking	Bas / Chaussette
Pair of shoes	Paire de chaussures
Sweatshirt	Chemise
Jeans	Jeans
Bathing suit	Costume de bain
Bikini	Bikini
Swimming trunk	Costume de bain
Skirt	Jupe
Blouse	Blouse
Under wear	Sous-vêtements
Boxer	boxer
Jockey shorts	Shorts Jockey
Socks	Chaussettes
Sandals	Sandales
Top	Le Haut
Sleeveless	Sans manches
Short	Short / pantalon Court
Sweater	Pull
Jacket	Veste
Cap	Casquette
Hat	Chapeau
Belt	Ceinture
Slacks or trousers	Pantalon
Shirt	Chemise

Suit	Costume
Tie	Cravate
Winter coat	Manteau d'hiver
Gloves	Gants
Mittens	moufles
Scarf	Écharpe
Boot	Botte
Raincoat	Imperméable à l'eau
Shape	Forme
Circle	cercle
Round	Ronde
Compact disc	Disque compact
Square	Carré
Side	Côté
Rectangle	Rectangle
Triangle	Triangle
Oval	Ovale
Flat	Plat
Smooth	Lisse
Bump	Bosse
Rough	Rough
Sandpaper	Papier de verre
Dul	Sweet
Sharp	Pointu
Pointed	Pointu
Soft	Lisse
Hard	Difficile
Shopping mall	Centre commercial
Lingerie	Lingerie
Underwear	Sous-vêtements
Nightwear	Vêtements de nuit
Hardware store	Matériel informatique
Tools	équipement

Equipment	équipement
Utensils	Ustensiles
Pots	Pots et casseroles
Pan	Poêle à frire
Apron	Tablier
Napkin	Serviette de table
Jewellery	Bijoux
Furniture	Meubles
Transportation	Transport
Car	Chariot
License	Licence
To drive	Conduire
Bus	Bus
Take the School bus	Prendre le bus scolaire
Train	Train
Train station	Gare ferroviaire
Boat	Bateau
Plane	Avion
Motorcycle	Moto
Helmet	Casque
Bike	Bicyclette
Bicycle	Bicyclette
Scooter	Scooter
Helicopter	Hélicoptère
Helicopters propellers	Hélices d'hélicoptères
A ride	Un tour
Fly a plane	Piloter un avion
Question	Question

Who?	Qui ?
What?	Quoi?
Where?	Où ?
Why?	Pourquoi?
Which direction?	Quelle adresse?
Go in	Entrer
Go up	Monter
Go down	Descendre
Go left	Va à gauche
Go right	Va à droite.
Right handed	Droit
Go backwards	Inverser
Go away	Sén aller
Go forward	Aller de l'avant
Go straight ahead	Allez tout droit
Go sideways	Aller sur le côté
Emotion	Émotion
Think about	Penser à
Sad	Triste
Have a frown on one's face	Avoir un visage renfrogné
Happy	Contenu
To tell a joke	Raconter une blague
Laugh	Rire
Mad	Fou
Get mad at s.o	Se mettre en colère contre qqn
Anger	Colère
Stay calm	Rester calme
Lie	Mensonge
Tell a lie	Mentir
Honest	Honnêteté
To punish	Punir
It's not fair	Pas équitable
To be punished	Être puni

To be disappointed in	Être déçu par
Tell a truth	Dire une vérité
Truth	Vérité
True	Véritable
Dishonest	Malhonnête
Honesty	Honnêteté
Trust	Confiance
Hurt	Blessé
Country	Pays
To live in	vivant
Territory	Territoire
Province	Province
The land	Terrain
To hunt	Chasse
To fish	pecher
Do hunting	faire de la Chasse
Do fishing	Pêche
City	Ville
An exciting place	Un lieu passionnant
Culture	Culture
Diverse	Diverse
Peaceful	Calme
Cottage	Chalet
Opposite	En face de
The opposite of	Le contraire de

Black ≠ white	Noir ≠ blanc
Up ≠ down	Haut ≠ bas
Left ≠ right	Gauche ≠ droite
Young ≠ old	Jeune ≠ vieux
Wrong ≠ right	Mauvais ≠ droit
Mother ≠ father	Mère ≠ père
Dirty ≠ clean	Sale ≠ propre
Big ≠ small	Grand ≠ petit
Man ≠ woman	Homme ≠ femme
Boy ≠ girl	Garçon ≠ fille
Cold ≠ hot	Froid ≠ chaud
Tall ≠ short	Grand ≠ court
Hard ≠ soft	Dur ≠ mou
Deep ≠ shallow	Profond ≠ peu profond
Bright ≠ dark	Brillant ≠ sombre
Light ≠ heavy	Léger ≠ lourd
Sweet ≠ sour	Sucré ≠ acide
Fast ≠ slow	Rapide ≠ lent
Day ≠ night	Jour ≠ nuit
Love ≠ hate	Amour ≠ haine
Hello ≠ good bye	Bonjour ≠ au revoir

13.1   MY BODY - *Mon corps*

On the top of my head, I have hair.
Below my hair is my face.

I have two eyes.
I have eyebrows and eyelashes.
Below my eyes, I have a nose.
My mouth is below my nose.

I have lips.
If I open my lips, you will see my teeth and my tongue.
Below my mouth is my chin.

On the sides of my head, I have two ears.
My cheeks are on either side of my nose.
My neck holds up my head.
My neck attaches my head to my chest.
My arms hang down from my shoulders.
On either side of my chest are my shoulders.
I have wrists on my arms.
My hands are attached to my wrists.
My fingers are part of my hands.

Sur le dessus de ma tête, j'ai des cheveux.
Sous mes cheveux se trouve mon visage.

J'ai deux yeux.
J'ai des sourcils et des cils.
Sous mes yeux, j'ai un nez.
Ma bouche se trouve sous mon nez.

J'ai des lèvres.
Si j'ouvre mes lèvres, tu verras mes dents et ma langue.
Sous ma bouche se trouve mon menton.

Sur les côtés de ma tête, j'ai deux oreilles.
Mes joues sont de chaque côté de mon nez.
Mon cou soutient ma tête.
Mon cou attache ma tête à ma poitrine.
De chaque côté de ma poitrine se trouvent mes épaules.
Mes bras pendent de mes épaules.
Mes bras ont des poignets.
Mes mains sont attachées à mes poignets.
Mes doigts font partie de mes mains.

I have ten fingers and ten fingernails.	J'ai dix doigts et dix ongles.
My back is at the back of me.	Mon dos se trouve à l'arrière de moi.
Further down, there is my waist.	Plus bas, il y a ma taille.
If I wear a belt, I put it on my waist.	Si je porte une ceinture, je la mets sur ma taille.
My hips are below my waist.	Mes hanches sont en dessous de ma taille.
My legs come down from my hips.	Mes jambes descendent de mes hanches.
My legs are made up of my thighs, my knees and my calves.	Mes jambes sont constituées de mes cuisses, de mes genoux et de mes mollets.
My knees can bend.	Mes genoux peuvent se plier.
My ankles are below my legs.	Mes chevilles se trouvent sous mes jambes.
My feet are attached to my ankles.	Mes pieds sont attachés à mes chevilles.
My toes are part of my feet.	Mes orteils font partie de mes pieds.
I have ten toes and ten toenails.	J'ai dix orteils et dix ongles de pied.
I am me from the top of my head to the tip of my toes.	Je suis moi du sommet de ma tête au bout de mes orteils.

13.2 Clothing - *Les vêtements*

I change my clothes a lot.	Je change souvent de vêtements.
If I am going somewhere fancy, I wear a dress.	Si je vais dans un endroit chic, je mets une robe.
I wear stockings on my legs, and I wear a pair of nice shoes.	Je mets des bas sur mes jambes et je porte une belle paire de chaussures.
If I am going to play sports, I wear a sweatshirt and jeans.	Si je vais faire du sport, je porte un sweat-shirt et un jean.
If I am going to the beach, I wear a bathing suit or a bikini.	Si je vais à la plage, je porte un maillot de bain ou un bikini.
My brother wears swimming trunks to the beach.	Mon frère porte un maillot de bain à la plage.
At work, I wear a skirt and a blouse.	Au travail, je porte une jupe et un chemisier.
Underneath my clothes, I wear underwear.	Sous mes vêtements, je porte des sous-vêtements.
A lady wears a bra and panties as underwear.	Une femme porte un soutien-gorge et une culotte comme sous-vêtements.
A man wears boxer or jockey shorts as underwear.	Un homme porte un caleçon ou un jockey comme sous-vêtements.
Today, I am wearing a blouse and a pair of jeans over my underwear.	Aujourd'hui, je porte un chemisier et un jean par-dessus mes sous-vêtements.
I have socks and shoes on my feet.	J'ai des chaussettes et des chaussures aux pieds.
In the summer, I often wear sandals on my feet.	En été, je porte souvent des sandales aux pieds.

In the summer, the tops that I wear are usually sleeveless.	En été, les hauts que je porte sont généralement sans manches.
I usually wear shorts in the summer.	Je porte généralement des shorts en été.
Sometimes, I wear a sweater or a jacket if the weather is cool.	Parfois, je porte un pull ou une veste si le temps est frais.
I wear a cap or a hat on my head.	Je porte une casquette ou un chapeau sur la tête.
I wear a belt to hold up my jeans or my slacks.	Je porte une ceinture pour maintenir mon jean ou mon pantalon.
Women sometimes wear a dress or a skirt.	Les femmes portent parfois une robe ou une jupe.
Men wear a pair of slacks and a shirt.	Les hommes portent un pantalon et une chemise.
Some men wear a suit and a shirt and tie.	Certains hommes portent un costume, une chemise et une cravate.
If it is very cold outside, I wear a winter coat.	S'il fait très froid dehors, je porte un manteau d'hiver.
If it is cold, I like to wear gloves or mittens on my hands.	S'il fait froid, j'aime porter des gants ou des moufles sur mes mains.
Sometimes, I wrap a scarf around my neck to keep warm.	Parfois, j'enroule une écharpe autour de mon cou pour me tenir chaud.
I wear a toque on my head in cold weather.	Je porte une tuque sur la tête par temps froid.
I wear boots on my feet in the winter.	Je porte des bottes aux pieds en hiver.
If it is raining, I wear a raincoat.	S'il pleut, je porte un imperméable.

The way that I dress depends a lot on the weather.	La façon dont je m'habille dépend beaucoup du temps qu'il fait.

13.3 Describing Things
Les vêtements

Some things are different shapes.

They can be described by their shape.
A circle is round.
A compact disc is a circle.
A square has four equal sides.
A rectangle is similar, but two of the sides are longer.
A triangle has only three sides.
Have you ever seen anyone play a triangle in an orchestra?

The word "**triangle**" can stand for an instrument or a shape.
An oval is rounded, but it is not round.
An egg is an oval shape.
The floor is flat.
If something is smooth, it has no bumps or lumps.

 Silk is smooth.
Some things are rough.
Sandpaper is rough.
If something is dull, it is not sharp or pointed.
A dull knife will not cut bread because the blade is not sharp.

Certaines choses ont des formes différentes.
 On peut les décrire par leur forme.
Un cercle est rond.
Un disque compact est un cercle.
Un carré a quatre côtés égaux.
Un rectangle est similaire, mais deux de ses côtés sont plus longs.
Un triangle n'a que trois côtés.
Avez-vous déjà vu quelqu'un jouer du triangle dans un orchestre?
Le mot "**triangle**" peut désigner un instrument ou une forme.
Un ovale est arrondi, mais il n'est pas rond.
Un œuf a une forme ovale.
Le sol est plat.
Si quelque chose est lisse, c'est qu'il n'y a pas de bosses ou de morceaux.
La soie est lisse.
Certaines choses sont rugueuses.
Le papier de verre est rugueux.
Si quelque chose est émoussé, il n'est pas tranchant ou pointu.
Un couteau émoussé ne coupera pas de pain parce que la lame n'est pas aiguisée.

If something is pointed, it has a sharp end.

A sharp pencil has a pointed end.

A pencil that has been used a lot, and hasn't been sharpened has a dull end.

Some things are soft.

A teddy bear is soft.

It feels good to touch.

Some things are hard.

A rock is hard.

Soft can also represent a noise level.

If you have a soft voice, it is not very loud.

If someone tells you to speak softly, they want you to speak quietly.

"**Loud**" is the word used to describe noises that hurt your ears.

A big truck will make a loud noise.

Sometimes your mother will tell you that your music is too loud.

Si quelque chose est pointu, il a une extrémité pointue.

Un crayon bien taillé a une extrémité pointue.

Un crayon qui a été beaucoup utilisé et qui n'a pas été taillé a une extrémité émoussée.

Certaines choses sont douces.

Un ours en peluche est doux.

Il est agréable à toucher.

Certaines choses sont dures.

Un rocher est dur.

La douceur peut également représenter un niveau de bruit.

Si tu as une voix douce, elle n'est pas très forte.

Si quelqu'un te dit de parler doucement, il veut que tu parles calmement.

"**Fort**" est le mot utilisé pour décrire les bruits qui font mal aux oreilles.

Un gros camion fait un bruit très fort.

Parfois, ta mère te dit que ta musique est trop forte.

13.4 The Shopping Mall
Le centre commercial

There are many different stores in the shopping mall.	Il y a beaucoup de magasins différents dans le centre commercial.
There are ladies' wear stores.	Il y a des magasins de vêtements pour femmes.
They sell dresses, blouses, and many kinds of clothes for women.	Ils vendent des robes, des chemisiers et de nombreux types de vêtements pour femmes.
In the men's wear stores there are suits, ties, shirts and slacks.	Dans les magasins de vêtements pour hommes, on trouve des costumes, des cravates, des chemises et des pantalons.
There are also clothing stores that appeal just to teenagers.	Il existe également des magasins de vêtements qui s'adressent uniquement aux adolescents.
Some clothing stores only sell children's' clothes.	Certains magasins de vêtements ne vendent que des vêtements pour enfants.
There is even a store that just sells bathing suits and cover-ups for the beach or pool.	Il existe même un magasin qui vend uniquement des maillots de bain et des couvertures pour la plage ou la piscine.
There are lingerie stores that sell ladies' underwear and nightwear.	Il existe des magasins de lingerie qui vendent des sous-vêtements et des vêtements de nuit pour femmes.
There are hardware stores that sell tools.	Il y a des quincailleries qui vendent des outils.

There are shoe stores.	Il y a des magasins de chaussures.
You buy shoes and boots in a shoe store.	Vous achetez des chaussures et des bottes dans un magasin de chaussures.
There are bookstores.	**Il y a des librairies.**
You can buy a book on almost any topic at the bookstore.	Vous pouvez acheter un livre sur presque tous les sujets dans une librairie.
There are stores that sell compact discs.	Il y a des magasins qui vendent des disques compacts.
Those stores also have tapes and videos.	Ces magasins proposent également des cassettes et des vidéos.
There are sports stores that sell special shoes and clothes for sports.	Il existe des magasins de sport qui vendent des chaussures et des vêtements spéciaux pour le sport.
They also sell sports equipment, and t-shirts and hats with the logo of your favorite teams.	Ils vendent également des équipements sportifs, ainsi que des t-shirts et des casquettes avec le logo de vos équipes préférées.
There are gift stores that sell all kinds of things that someone might want for their house.	Il existe des magasins de cadeaux qui vendent toutes sortes de choses que quelqu'un pourrait vouloir pour sa maison.
There are kitchen stores where you can buy utensils and pots and pans.	Il existe des magasins de cuisine où vous pouvez acheter des ustensiles, des casseroles et des poêles.

Those kinds of stores also sell aprons and napkins, and anything you might need for your kitchen.

There is a movie theatre at the mall.

There is a jewelry store that has a lot of gold and silver jewellery.

There is a hairdresser in the mall.

Sometimes, I go in there to get my hair cut.

There are fast food places in the mall.

You can get a quick lunch like a hamburger or some french fries.

There are also fancier restaurants in the mall.

You can sit down for a nice meal.

There is a furniture store in the mall.

You could buy a new sofa or bed at the furniture store.

There are bulk food stores.

At a bulk food store, all the foods are in bins.

Ces magasins vendent également des tabliers et des serviettes de table, et tout ce dont vous pouvez avoir besoin pour votre cuisine.

Il y a une salle de cinéma au centre commercial.

Il y a une bijouterie qui propose beaucoup de bijoux en or et en argent.

Il y a un salon de coiffure dans le centre commercial.

Parfois, j'y vais pour me faire couper les cheveux.

Il y a des fast-foods dans le centre commercial.

On peut y manger un repas rapide comme un hamburger ou des frites.

Il y a aussi des restaurants plus chics dans le centre commercial.

Tu peux t'asseoir pour un bon repas.

Il y a un magasin de meubles dans le centre commercial.

Vous pouvez acheter un nouveau canapé ou un nouveau lit au magasin de meubles.

Il y a des magasins d'alimentation en vrac.

Dans un magasin d'aliments en vrac, tous les aliments sont dans des bacs.

You take as much as you want and pay for it at the counter.	Vous prenez la quantité que vous voulez et vous payez au comptoir.
There is even a telephone store and an electronics store at the mall.	Il y a même un magasin de téléphone et un magasin d'électronique au centre commercial.
My brother's favorite store is the toy store.	Le magasin préféré de mon frère est le magasin de jouets.
He could spend hours in there.	Il peut y passer des heures.
There are also department stores at the mall.	Il y a aussi des grands magasins au centre commercial.
Department stores sell all kinds of things.	Les grands magasins vendent toutes sortes de choses.
They sell perfume, clothes, shoes, kitchen utensils, or just about anything you might need.	Ils vendent des parfums, des vêtements, des chaussures, des ustensiles de cuisine et à peu près tout ce dont on peut avoir besoin.
You can get almost anything you want at the shopping mall.	Tu peux trouver presque tout ce que tu veux au centre commercial.

13.5 Transportation - *Les Transports*

Every family that I know has at least one car.	Toutes les familles que je connais ont au moins une voiture.
Some families have two, or even three cars.	Certaines familles en ont deux, voire trois.
Most people get their license to drive when they are sixteen.	La plupart des gens obtiennent leur permis de conduire à l'âge de seize ans.
In my house, we just have one car.	Chez moi, nous n'avons qu'une seule voiture.
If my father takes the car to work, my mother will take the bus.	Si mon père prend la voiture pour aller travailler, ma mère prend le bus.
I ride in a school bus to school.	Je prends le bus pour aller à l'école.
My sister works in another town.	Ma sœur travaille dans une autre ville.
She gets on the train to go to work.	Elle prend le train pour aller au travail.
The train station is not far from my house.	La gare n'est pas loin de ma maison.
The train tracks run right by my house.	La voie ferrée passe juste à côté de ma maison.
My grandfather from Ireland came to visit us.	Mon grand-père d'Irlande est venu nous rendre visite.
He came over by boat.	Il est venu en bateau.
He had to cross the ocean.	Il a dû traverser l'océan.
We went to Florida last year.	Nous sommes allés en Floride l'année dernière.
We flew on a plane.	Nous avons pris l'avion.

The plane flew right through the clouds.	L'avion a traversé les nuages. Le frère de mon ami conduit une moto.
My friend's brother drives a motorcycle.	
He wears a helmet.	**Il porte un casque.**
I rode on his motorcycle once.	Je suis monté sur sa moto une fois.
I had to sit on the back and hold on tight.	J'ai dû m'asseoir à l'arrière et me tenir fermement.
I ride my bicycle when the weather is nice.	Je fais du vélo quand il fait beau.
I also have a scooter that I use to travel around.	J'ai aussi un scooter que j'utilise pour me déplacer.
I took a helicopter ride once.	Une fois, j'ai fait un tour d'hélicoptère.
The helicopter's propellers were going around when I got on.	Les hélices de l'hélicoptère tournaient quand je suis monté à bord.
It went straight up in the air.	Il s'est élevé dans les airs.
I enjoyed the ride.	J'ai apprécié la balade.
I would like to learn how to fly a plane or a helicopter.	J'aimerais apprendre à piloter un avion ou un hélicoptère.
I like flying through the air.	J'aime voler dans les airs.

13.6 who, what, when and why
qui, quoi, quand et pourquoi ?

These are important words.	Ce sont des mots importants.
They are all words that begin questions.	Ce sont tous des mots qui commencent des questions.
"Who" is about a person.	**"Qui"** parle d'une personne.
Who is the girl with the blue dress on?	Qui est la fille qui porte une robe bleue ?
Who stole my watch?	Qui a volé ma montre ?
Who will come with me to the game?	Qui va m'accompagner au match?
Who is driving us to the party?	Qui nous conduit à la fête ?
"What" is about a thing.	**"Quoi"** se rapporte à une chose.
What is that big thing on the sidewalk?	Quelle est cette grande chose sur le trottoir?
What should I do when I get to your house?	Que dois-je faire quand j'arrive chez toi?
What kind of clothes should I wear to the party?	Quel genre de vêtements dois-je porter pour la fête?
What shall I buy you for your birthday?	Que dois-je t'acheter pour ton anniversaire ?
"Where" is about a place.	**"Où"** concerne un lieu.
Where are you going for your vacation?	Où allez-vous pour vos vacances?
Where did I leave my glasses?	Où ai-je laissé mes lunettes?
Where did my brother go?	Où est parti mon frère?
Where on earth is Timmins?	Où se trouve Timmins?
"Why" is the word that asks for an explanation.	**"Pourquoi"** est le mot qui demande une explication.
Why did you take the last piece of pie?	Pourquoi as-tu pris la dernière part de tarte?

Why is the world round?	Pourquoi le monde est-il rond?
Why should I give you any money?	Pourquoi devrais-je te donner de l'argent?
Why did the chicken cross the street?	Pourquoi le poulet a-t-il traversé la rue?
They say that you should answer all of these questions if you are writing a story.	On dit que vous devez répondre à toutes ces questions si vous écrivez une histoire.
You have to give the **who, what, where** and **why** to write a good story.	Tu dois donner le **qui**, le **quoi**, le **où** et le **pourquoi** pour écrire une bonne histoire.

13.7 Which Direction?
Quelle direction?

Which direction should I go in?

Should I go up?
If I go up, I will head toward the sky.
I can go up the stairs.
Should I go down?
I can go down the stairs to the basement.
I can climb down into a hole.
Should I go left or right?

I am right-handed, so I know which way right is.
Should I go backwards?
I would be going away from the things that I am facing now if I went backwards.

If I went backwards from the thing that I am facing, I would go away from it.
Should I go forward?
I will just go straight ahead if I go forward.
If I am facing something and I go forward, then I will go toward the thing that I am facing.

Dans quelle direction dois-je aller ?

Devrais-je aller vers le haut ?
Si je monte, je vais me diriger vers le ciel.
Je peux monter les escaliers.
Devrais-je descendre ?
Je peux descendre les escaliers jusqu'à la cave.
Je peux descendre dans un trou.
Dois-je aller à gauche ou à droite?

Je suis droitier, donc je sais de quel côté est la droite.
Devrais-je aller à l'envers ?
Si je faisais marche arrière, je m'éloignerais des choses auxquelles je fais face maintenant.

Si je reculais de la chose à laquelle je fais face, je m'en éloignerais.
Devrais-je aller en avant ?
Si je vais en avant, j'irai tout droit.
Si je fais face à quelque chose et que je vais vers l'avant, j'irai vers la chose à laquelle je fais face.

Maybe I should go sideways, but which side, left or right?	Je devrais peut-être aller de côté, mais de quel côté, gauche ou droite ?
It sounds very complicated, but it is not.	Cela semble très compliqué, mais ce n'est pas le cas.
Directions are very easy to follow if you just stop and think about them.	Les directions sont très faciles à suivre si vous vous arrêtez pour y réfléchir.

13.6 Emotions - *Les émotions*

Do you ever think about your emotions?

As-tu déjà pensé à tes émotions ?

What kinds of things make you sad?

Quelles sortes de choses te rendent triste ?

I get sad when I get a bad mark in school, or when someone that I like moves away.

Je suis triste quand j'ai une mauvaise note à l'école, ou quand quelqu'un que j'aime déménage.

I sometimes see sad movies that make me cry.

Je vois parfois des films tristes qui me font pleurer.

I don't like to be sad.

Je n'aime pas être triste.

I don't like to have a frown on my face.

Je n'aime pas avoir un visage renfrogné.

I like to be happy.

J'aime être heureux.

I am happy most of the time.

Je suis heureux la plupart du temps.

Parties make me happy.

Les fêtes me rendent heureux.

Being with my friends makes me happy.

Être avec mes amis me rend heureux.

Lots of things make me happy.

Beaucoup de choses me rendent heureux.

If someone tells me a joke, I laugh.

Si quelqu'un me raconte une blague, je ris.

I enjoy laughing.

J'aime rire.

Funny movies make me laugh.

Les films drôles me font rire.

I think that people look the best when they smile.

Je pense que les gens sont plus beaux quand ils sourient.

What kinds of things make you mad?

Quelles sortes de choses te mettent en colère ?

I get mad when my brother breaks one of my toys.

Je me mets en colère quand mon frère casse un de mes jouets.

I try not to show it when I get mad.	J'essaie de ne pas le montrer quand je suis en colère.
My parents get mad at me if I come home late.	Mes parents se fâchent contre moi si je rentre tard à la maison.
I don't think anger is a good emotion.	Je ne pense pas que la colère soit une bonne émotion.
It is best to stay calm and talk things over.	Il est préférable de rester calme et de parler des choses.
Emotions come from inside you, but they show on your face.	Les émotions viennent de ton intérieur, mais elles se voient sur ton visage.
People can tell when you are mad, or sad or happy.	Les gens peuvent dire si tu es en colère, triste ou heureux.
I prefer to look happy.	Je préfère avoir l'air heureux.
Sometimes I even smile when I am feeling sad, and the smile makes me feel a little better.	Parfois, je souris même quand je me sens triste, et le sourire me fait me sentir un peu mieux.

13.9   The lie - *Le mensonge*

Yesterday I told a lie.
I don't feel very good about it.

I was bouncing a ball in the kitchen, and the ball bounced up and broke a cup.
It was one of my mother's best cups, so I was afraid that she would be mad.
I put the broken cup back on the table, and I didn't tell anyone that I had broken it.
That night, my mother asked who had broken the cup.
My brother said, **"not me."**
My sister said, **"I didn't do it."**

I said, **"I didn't break the cup,"** but I was lying.
My mother said that we would all be punished, if someone didn't tell the truth and say who broke the cup.
I still did not tell her that I had broken it.
She gave us one more chance, and said that she wasn't mad about the cup; she just wanted us to be honest.

I still didn't say anything.

Hier, j'ai dit un mensonge.
Je ne me sens pas très bien à ce sujet.
Je faisais rebondir une balle dans la cuisine, et la balle a rebondi et a cassé une tasse.
C'était l'une des meilleures tasses de ma mère, alors j'avais peur qu'elle se mette en colère.
J'ai remis la tasse cassée sur la table, et je n'ai dit à personne que je l'avais cassée.
Ce soir-là, ma mère a demandé qui avait cassé la tasse.
Mon frère a répondu : **"Pas moi."**
Ma soeur a dit, **"Je ne l'ai pas fait."**
J'ai dit, **"Je n'ai pas cassé la tasse"**, mais je mentais.
Ma mère a dit que nous serions tous punis, si quelqu'un ne disait pas la vérité et ne disait pas qui avait cassé la tasse.
Je ne lui ai toujours pas dit que je l'avais cassée.
Elle nous a donné une autre chance et a dit qu'elle n'était pas fâchée à propos de la tasse ; elle voulait simplement que nous soyons honnêtes.
Je n'ai toujours rien dit.

My brother, sister and I all got sent to our rooms.	Mon frère, ma soeur et moi avons tous été envoyés dans nos chambres.
We had to stay in our rooms all morning.	Nous avons dû rester dans nos chambres toute la matinée.
My brother said that it wasn't fair.	Mon frère a dit que ce n'était pas juste.
I felt very bad because my brother and sister were being punished because of me.	Je me suis sentie très mal parce que mon frère et ma sœur étaient punis à cause de moi.
I went to my mother and told her that I had broken the cup.	Je suis allée voir ma mère et je lui ai dit que j'avais cassé la tasse.
She said that she was not upset about the broken cup.	Elle m'a dit qu'elle n'était pas fâchée d'avoir cassé la tasse.
She knew that it was an accident.	Elle savait que c'était un accident.
She was disappointed in me because I hadn't come forward and told the truth.	Elle était déçue de moi parce que je ne lui avais pas dit la vérité.
She said that she wouldn't have punished me if I had been honest with her.	Elle a dit qu'elle ne m'aurait pas puni si j'avais été honnête avec elle.
I told my brother and sister that I was sorry.	J'ai dit à mon frère et à ma sœur que j'étais désolée.
I felt bad because they were punished because I was dishonest.	Je me sentais mal parce qu'ils avaient été punis parce que j'étais malhonnête.
I told my mother that I was sorry that I had lied to her.	J'ai dit à ma mère que j'étais désolée de lui avoir menti.
I told her that I had learned a lesson.	Je lui ai dit que j'avais appris une leçon.
Honesty is the best policy.	L'honnêteté est la meilleure politique.
It is better to tell the truth.	Il est préférable de dire la vérité.

It is not a good feeling when people don't trust you.

I have learned that lying just hurts people.
Sometimes it is hard to be honest, but it is the best way to be.

Ce n'est pas un bon sentiment quand les gens ne vous font pas confiance.
J'ai appris que le mensonge ne fait que blesser les gens.
Il est parfois difficile d'être honnête, mais c'est la meilleure façon d'être.

13.9   My Country - *Mon pays*

I live in Canada.
It is a very large country that is made up of ten provinces and three territories.
Most of the provinces and territories are quite unique.
For example, in Saskatchewan the land is flat, and it is not surrounded by water.
They grow wheat in Saskatchewan.
British Columbia has mountains.

I have never been to British Columbia, but I hear that it is very beautiful.

Nova Scotia is on the Atlantic Ocean, so there are many fishermen out there.

Je vis au Canada.
C'est un très grand pays qui se compose de dix provinces et de trois territoires.
La plupart des provinces et des territoires sont assez uniques.
Par exemple, en Saskatchewan, la terre est plate et elle n'est pas entourée d'eau.
On cultive le blé en Saskatchewan.
La Colombie-Britannique a des montagnes.

Je ne suis jamais allé en Colombie-Britannique, mais j'ai entendu dire que c'était très beau.

La Nouvelle-Écosse est sur l'océan Atlantique, alors il y a beaucoup de pêcheurs là-bas.

The people in the provinces are even different from each other.	Les habitants des provinces sont même différents les uns des autres.
In Quebec, many of the people speak French.	Au Québec, beaucoup de gens parlent français.
In the Maritime Provinces, the people like to play their own kind of music.	Dans les provinces maritimes, les gens aiment jouer leur propre musique.
They play fiddles and accordions, and many of them dance very well.	Ils jouent du violon et de l'accordéon, et beaucoup d'entre eux dansent très bien.
Nunavut is in the north, so life is quite different there.	Le Nunavut est situé dans le nord, la vie y est donc très différente.
The people who live in the new territory of Nunavut are very close to wildlife.	Les gens qui vivent dans le nouveau territoire du Nunavut sont très proches de la faune.
They do a lot of hunting and fishing.	Ils pratiquent beaucoup la chasse et la pêche.
It can get very cold up in the Arctic where Nunavut is.	Il peut faire très froid dans l'Arctique où se trouve le Nunavut.
I live in Ontario.	Je vis en Ontario.
Even within Ontario life can be quite different.	Même en Ontario, la vie peut être très différente.
The capital of Ontario is Toronto.	La capitale de l'Ontario est Toronto.
Toronto is a very busy city with lots of apartments, offices and shops.	Toronto est une ville très animée avec beaucoup d'appartements, de bureaux et de magasins.
Toronto is an exciting place, and it has a lot to offer.	Toronto est un endroit passionnant, qui a beaucoup à offrir.

There are theatres and restaurants to suit every taste.
The culture in Toronto is very diverse.
If you drive a few miles north of Toronto, you will find places that are tranquil and peaceful.

Many people leave Toronto on the weekends and drive to their cottages where they find rest and relaxation.

Canada is made up of many different cultures.
People of many different ethnic backgrounds live in harmony in Canada.
That is why I like Canada.
In Canada we celebrate our differences.

Il y a des théâtres et des restaurants pour tous les goûts.

La culture à Toronto est très diversifiée.
Si vous conduisez à quelques kilomètres au nord de Toronto, vous trouverez des endroits tranquilles et paisibles.
De nombreuses personnes quittent Toronto le week-end et se rendent dans leur chalet où elles trouvent le repos et la détente.
Le Canada est composé de nombreuses cultures différentes.
Les gens de différentes origines ethniques vivent en harmonie au Canada.
C'est pourquoi j'aime le Canada.
Au Canada, nous célébrons nos différences.

13.10 Opposite - *Les contraires*

Some things are opposites of each other.
The opposite of **black** is **white**.
The opposite of **happy** is **sad**.

If I am at the opposite side of the room from you, it means that I am at the other side of the room than you are on.
The opposite of **up** is **down** and the opposite of **left** is **right**.

Do you know what the opposite of young would be?
Old is the opposite of **young**.
What is the opposite of dirty?
Clean is the opposite of **dirty**.
Big is the opposite of **small**.
Man is the opposite of **woman**.

Boy is the opposite of **girl**.

Sometimes people think the opposite things than other people.
Someone might **be wrong** and someone might **be right**.
The opposite of **mother** is **father**.
See if you can think of some opposites.

Certaines choses sont à l'opposé les unes des autres.
Le contraire du **noir** est le **blanc**.
L'opposé de la **joie** est la **tristesse**.

Si je suis à l'opposé de toi dans la pièce, cela signifie que je suis à l'autre bout de la pièce que toi.

Le contraire du **haut** est le **bas** et le contraire de la **gauche** est la **droite**.

Savez-vous quel est le contraire de jeune?
 Vieux est le contraire de **jeune**.
Quel est le contraire de sale?
Propre est le contraire de **sale**.
Grand est le contraire de **petit**.
L'homme est le contraire de **la femme**.

Le **garçon** est le contraire de la **fille**.

Parfois, les gens pensent le contraire de ce que pensent les autres.
Quelqu'un peut **avoir tort** et quelqu'un peut **avoir raison**.
Le contraire de la **mère** est le **père**.
Regarde si tu peux penser à des contraires.

It is **cold** in the winter, and it is **hot** in the summer.	Il fait **froid** en hiver, et il fait **chaud** en été.
My father is **very tall**, and my brother is **very short.**	Mon père est **très grand**, et mon frère est **très petit.**
A rock is **hard**, but a pillow is **soft**.	Une pierre est **dure**, mais un oreiller est **doux**.
An ocean is **deep**, but a puddle is **shallow**.	Un océan est **profond**, mais une flaque d'eau est **peu profonde**.
I might **tell the truth**, but I might **tell a lie.**	Je peux **dire la vérité**, mais je peux aussi **dire un mensonge**.
All of these things are opposites.	Toutes ces choses sont opposées.
The morning is **bright**, but the night is **dark**.	Le matin est **lumineux**, mais la nuit est **sombre**.
A feather is **light**, but an elephant is **heavy**.	Une plume est **légère**, mais un éléphant est **lourd**.
Sugar is **sweet**, but a lemon is **sour**.	Le sucre est **sucré**, mais le citron est **acide**.
A jet plane is **fast**, but a turtle is **slow**.	Un avion à réaction est **rapide**, mais une tortue est **lente**.
I can go out **in the day**, or I can go out **at night.**	Je peux sortir **le jour**, ou je peux sortir **la nuit**.
I might **love** to swim, or I might **hate** to swim.	Je peux **aimer** nager, ou **détester** nager.
It is interesting to see how many opposites you can think up.	Il est intéressant de voir combien de contraires vous pouvez imaginer.
I could say **hello**, but I think it's time to say **goodbye**.	Je pourrais **dire bonjour**, mais je pense qu'il est temps de **dire au revoir**.

 Listen to Audio files Here!

Téléchargez l'application depuis l'Apple App Store ou Google Play Store <u>My thinkific</u>

Une fois que vous avez téléchargé l'application, connectez-vous simplement en utilisant vos informations d'identification existantes.

Comment se connecter à l'application mobile

Comment se connecter sans lien de partage ni code QR

Si vous ne trouvez pas le lien, assurez-vous de contacter votre instructeur. Ils peuvent également confirmer si l'application mobile est activée sur leur site.

Cependant, si vous avez perdu le lien ou ne parvenez pas à utiliser le code QR, vous pouvez également rechercher votre école directement dans l'application ! Pour faire ça:

1. Téléchargez et installez l'application mobile Thinkific depuis Apple App Store (pour iOS) ou le Google Play Store (pour Android)

2. Ouvrez l'application sur votre appareil

3. Dans la barre de recherche, saisissez **My REPERTOIRE** pour vous connecter.

4. Cliquez sur entrer

5. Dans la liste des résultats, recherchez l'école à laquelle vous souhaitez vous connecter

Assurez-vous de confirmer que l'URL de l'école à laquelle vous vous connectez correspond à l'URL de votre école.

6. Sélectionnez l'école

7. L'écran de connexion de votre site s'ouvrira dans un navigateur, connectez-vous à l'aide de vos informations d'identification ou d'une option de connexion aux médias sociaux que vous avez utilisée pour créer votre compte (Facebook, Google, LinkedIn, Apple)

Si vous utilisez une méthode de connexion différente de celle que vous avez utilisée lors de la création d'un compte, il se peut que vous ne voyiez pas vos cours ou vos communautés. Par exemple, si vous avez créé votre compte à l'aide d'un e-mail, mais que vous vous connectez à l'aide d'Apple SSO avec votre e-mail masqué, vous créerez un nouveau compte au lieu d'accéder à votre compte d'origine.

8. Vous serez automatiquement redirigé vers l'application si la connexion est réussie

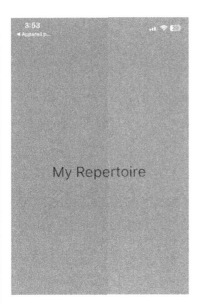

My Repertoire

En cliquant sur continuer, vous confirmez avoir lu et accepté les conditions de Thinkific la politique de confidentialité et les conditions d'utilisation de Thinkific.

CONTINUEZ

Ce n'est pas ce que vous cherchez ?
Visiter Thinkific

THINKIFIC
MOBILE APP

Find your academy or organization

🔍 instructor's school

1 RESULTS FOUND

Instructor's School
https://zw-training.thinkific.com/

Salut. Merci d'avoir acheté ce livre.

Si vous voulez l'audio des textes, rendez-vous sur
Myeverydayrepertoire.com

Je vous verrai de l'autre côté.

Merci!
J'espère que vous avez apprécié le livre

Printed by Amazon Italia Logistica S.r.l.
Torrazza Piemonte (TO), Italy

51083021R00161